성장 중심 가족

더 나은 육아와 가족 관계를 위한

전체론적인 전략

Cecil Wong

남편, 아버지, 인생 코치

지은이: Cecil Wong
옮긴이: Jinkyoung Kwon
편집: Lisa Cerasoli
디자인: Eugene Wang
펴낸곳: Family Connections Press, San Francisco, CA, US 2018
ISBN-13: 978-0-9996224-2-1
Copyright©Cecil Wong, 2018.

나의 영원한 사랑 메이, 리엔 그리고 랜디에게

목차

제목	i
저작권	iii
헌사	iv
목차	v
서론: 통합	vii
감사의 말	xvi
1부 : 왜 성장 중심인가?	3
1장: 중심	4
2장: 욕구	12
3장: 시간	25
4장: 미래	29
5장: 도전	36
1부 요약	51
2부: 성장 중심 가족이란?	54
들어가며: 전략	55
6장: 우주와 함께	58
7장: 힘을 실어주는 관계	74
8장: 감정의 풍부함	92
9장: 변화로 인한 해방	110
10장: 자유를 주는 관계	130
2부 요약	144
3부: 성장 중심 가족 기르기	147
들어가며: 정원사가 되기 위한 준비	148
11장: 지속적인 성장을 위한 감성 에너지 기르기	151
12장: 건강한 실천과 행동 기르기	181
3부 요약	216
결론: 지속 가능한 성장	218
부록	221
참고 문헌	238

서론: 통합

여러분의 인생은 무엇을 중심으로 돌아가고 있나요? 가족? 일? 휴식? 공동체? 신? 그 어떤 것이 중심이든, 그 중심은 우선 순위와 방향을 정하고, 여러분의 선택에 영향을 줍니다. 더 나아가 여러분의 자아와 미래상에도 깊이 관여하죠. 미래상은 우리가 나이가 들면서 구체적으로 나타나고 중요합니다. 우리 자신과 우리가 짊어지는 역할은 변화합니다. 우리의 배우자도 변화하고, 아이들도 변화합니다. 우리의 관계, 건강 상태도 변합니다. 그러니 이 변화에 대비하는 것이 중요하겠죠?

이 변화들을 어떻게 관리하느냐에 따라 우리의 통합이 결정됩니다. 이는 우리의 중심, 조직 원칙에 달려 있고요. 즉, 삶의 다양한 일들을 조직하고 관리하는 방법이 우리를 만드는 것입니다. 그 모양에 따라 자신과 가족에 맞춰 살아가게 됩니다. 물론 누구든 긍정적인 영향이 있기를 바라죠. 우리가 설정한 중심은 주의를 기울여 의도를 가지고 반복될 때 그 힘을 가집니다. 가장 위대한 결과, 즉 통합을 만드는 가장 중요한 3가지 요소가 바로 이것들입니다. 이로써 우리는 자신과 가족의 삶을 관리하고 이끌 수 있는 최고의 사람이 될 수 있습니다.

가족이란 인종, 종교, 사회·경제학적 차이를 막론하고 대부분의 사람들에게 가장 중요한 것으로 꼽힙니다. 하지만 가족의 성공적인 성장에 방해가 되는 영향을 주는 것은 우리가 생각하고 행동하는 방식입니다. 우리가 개방적으로 용기와 사랑을 유지하면 가족을 최고로 이끌어 존재하고 행동하게 할 수 있습니다. 하지만 두려움으로 스스로를 고립시키고, 나아가 아이들도 초기 성장 과정에서 고립시키면, 그 두려움은 불안감과 걱정을 만들어 우리 영혼에 물들게 됩니다. 우리 아이들이 이 독극물을 어떻게 소화하고 해결할 수 있을지 모르잖아요?

저는 애드윈 캣멀(Edwin Catmull)의 책 창의성을 지휘하라(Creativity, Inc)를 읽은 후 그의 픽사와 리더십과 문화에 감탄했습니다. 그 문화는 진정한 영감을 방해하는 숨겨진 힘을 밝혀내는 것이었는데요. 그는 픽사의 CEO로서 팀과 함께 구조, 가치, 행동 양식을 만들어 의도적이고 효과적인 방식을 이용해 창의성을 방해하는 것들을 확인했습니다. 다시 말해, 이 요소들은 불확실성과 불안정함을 만드는 보이지 않는 힘이었죠. 토이스토리와 토이스토리2로 블록버스터급 성공을 이룬 그의 경영 원칙은 솔직하고 개방적인, 고무적인 회사 분위기를 조성하고 불안의 모든 근원을 해결하는 것이었습니다: 그 근원은 사람들의 반응, 비판, 실패, 거부, 조롱, 비하 등이었고요. 이런 감정적인 어려움에 대해서 솔직하게 말할 수 있도록 관리하는 것이 바로 픽사의 지속 가능한 창의성의 문화였습니다. 매니저가 통제를 강화하는 대신 기꺼이 자유롭게 둘 때, 사람들은 겸손함과 용기를 얻어 위대한 결과를 내기 위해 더 효과적으로 업무를 배우고 적용할 수 있었습니다.

애드가 지적한 것은 효과적인 협력을 위한 지혜였습니다. 실패와 배움, 발전을 충분히 허용하는 환경을 만드는 것. 그것이 생산성의 요구로부터(애드는 이를 짐승이라고 불렀습니다) 새로운 아이디어와 독창성을 보호했습니다(애드는 이를 못생긴 아기라고 불렀습니다). 그렇게 우수성의 문화를 기르기 위한 기반을 마련했던 것입니다. 픽사는 성공적인 영화를 만들어왔고, 이는 리더가 겸손하게 독창적이고 혁신적인 일들을 하도록 연대했기 때문입니다. 애드는 머리와 마음으로 매끄럽게 사람들을 이끌었습니다. 지능도 높았지만 그가 우선순위로 삼았던 것은 숨겨진 것을 찾아 신뢰를 최적화하는 것이었습니다. 그래서 픽사 직원들은 지속적으로 더 나은 해결 방법을 찾고 그들의 생산을 향상시킬 수 있었고요. 저는 이런 그의 경영방식이 부모도 따를만한 전략이라고 생각합니다.

그 이유는 무엇일까요?

왜냐하면 아이를 기르는 것 역시 높은 수준의 창의력을 필요로 하는 창조 행위이기 때문입니다. 창의력은 그림을 그리거나 예술적인 표현을 하는 것만이 아닙니다. 오히려 끊임없이 복잡한 문제에 직면하고 그 해결 방법을 효과적으로 찾는 것입니다. 가장 성숙한 인물은 타인의 욕구를 충족하도록 도와주고 모두가 진보하여 스스로의 최대치를 발휘할 수 있게 합니다. 더 나은 것을 보고자 하는 여정은 힘들고 고통스러울 수 있지만, 그러한 성장 과정으로 우리가 성숙해지는 것 아닐까요? 아이를 성인으로 키우는 것은 간단하지 않습니다. 집에 있는 어떤 부모에게든 권위와 양육, 경계선과 애정의 균형을 잡는 것이 얼마나 큰 도전 과제인지 물어보세요. 격려하면서도 훈육하며, 기본적인 욕구를 충족시키면서도 다양한 방면으로 지식도 제공하는 것. 그리고 이 모든 혼란 속에서 질서를 잡는 것이 바로 창의력입니다. 특히 마음 속에서 그 과정을 겪는 것은 힘들지만 가장 중요합니다. 저는 이것이 우리가 직면하는 가장 힘든 도전 과제 중 하나라고 생각합니다. 역기능적인 가족과 비행 청소년이 만드는 사회적 문제만 해도 끊임없이 발생하고 있습니다. 개인이든 국가든 이 문제는 가정과 직장에서 해결 방법을 만들기 위해 협력하는 리더/부모에 의해서 해결될 수 있습니다. 그래야 가족이 다음 세대를 기르는데도 도움이 되고요.

직장이 중심이 되는 경우를 생각해봅시다. 실제로 그런 경우가 종종 있고요. 우리는 일하면서 오랜 시간을 보냅니다. 보통 초등학교 때 시작해서 은퇴할 때까지 지속됩니다. 일이라는 것은 특정한 주제에 집중하는 경향이 있습니다. 배우고 이해하는 과정에서 우리는 생산적이고 성공한 사람이 될 수 있고요. 하지만 우리가 일을 더 많이 할수록 덜 통합하는 인생을 살게 됩니다. 왜냐하면 더 생산적이고 성공적일수록, 우리의 미래상에 집중할 수 있는 시간과 관심이 줄어들기 때문입니다. 또 배우자나 아이들과 관계를 만들어 나가는데 필요한 시간도 보내지 않게 되고요. 잠시 쉬어가고 자신을 돌보는 필수적인 시간도 들이지 않죠. 우리는 감정적·관계적·영적인 발전을 위해 투자하지 않습니다. 나이가 들면서 필요할 힘과 유동성, 유연성을 기르는 신체 운동도 게을리 하게 됩니다.

일이 중요한 만큼 생산성이 모든 것을 이끌어 가면 야수가 되어 버릴 수도 있습니다. 사실 많은 사람들이 흔히 겪는 문제이면서도 의문을 갖지 않는 문제인데요. 실제로는 이것이 조직의 원칙으로서 생산성에 대한 동력이 되고 결혼과 가족의 분열에 기여합니다. 그래서 창의적인 행동은 야수가 우리를 집어 삼키기 전에 보호하고 발전되어야 합니다. 사랑은 삶을 가치 있게 만들고 야수가 중심이 되어 할퀴려 할 때 우리 내면에서 설 자리가 없어집니다. 누군가에게는 그 야수가 가장 중요한 것이었을 수도 있습니다. 그런 의미에서 무엇인가가 중심이 된다는 것은 아주 어색하고 의심이 가는 일일 수도 있죠. 하지만 더 나은 중심들이 많이 있습니다.

저는 다양한 문제를 통합하는 것이 제 관점을 키운다는 것을 깨달았습니다. 다양한 지식의 분야와 산업을 통합하는 것이 바로 삶을 종합적으로 이해하고 일치하는 것입니다. 과학과 수학처럼요. 약학과 사회학은 어떨까요? 엔지니어링과 영성, 생물학과 신앙, 리더십과 육아 등도 통합해서 생각해볼 수 있을까요? 지식·생각·신념·계획의 다양한 분야를 통합하지 않으면, 우리는 앞으로 나아가는 최고의 방법을 놓칠 것입니다. 건강하고 제대로 작동하면서도 의미 있는 결과를 연속적으로 잃는 것이기도 합니다. 저는 삶과 일, 존재와 생산성의 두 가치가 서로 연결될 때 발전하는 경우를 많이 봐왔습니다. 이러한 연결은 우리가 살고, 이끌고, 조직하고, 관리하는 방식에 적용되기도 했고요. 저만 이런 생각을 하는 것은 아닙니다. 이런 비슷한 생각을 가진 작가를 소개해 드립니다:

칩 콘리(Chip Conley), 정상*(Peak)*

번 해니쉬(Verne Harnish), 확장하기*(Scaling Up)*

브루스 립턴(Bruce Lipton), 당신의 주인은 *DNA*가 아니다*(The Biology of Belief)*

이 작가들은 회사 경영과 육아, 나무, 세포의 활동을 연결합니다. 건강한 원칙은 모든 종류의 유기체, 가족부터 기업까지 그 어떤 집단에도 적용됩니다.

세상에는 리더십, 변화, 육아, 영성, 웰빙에 대한 지혜와 정보가 넘쳐납니다. 하지만 제 경험상 정보는 협소한 틈새 영역을 타겟으로 합니다. 마케팅이 우리에게 제안하는 일들과도 비슷하죠. 바로 기본에 충실하라는 메시지입니다. 하지만 저는 그들이 함께 연결될 때 발생하는 시너지가 엄청나다는 것을 발견했습니다. 우리의 삶이 더이상 작은 조각으로 분리되지 않고 더 크게 통합

될 때, 우리의 내부 체질은 강해지고 문제를 더 원만하게 감당하며 진실된 자아를 적절하게 표출할 수 있게 됩니다.

통합의 예는 비지니스 시스템에서 찾아보기 쉽습니다. 첫 단계가 진행되면 이질적인 시스템이 적용되는 것은 쉽습니다. 마치 회계 소프트웨어와 관리 툴을 주문이나 처리, 고객 지원에 쓰는 것과 비슷한 일입니다. 하지만 Net Suite(클라우드 컴퓨팅 회사)는 이렇게 지적했습니다. "이 격리된 비지니스 소프트웨어 시스템의 복잡한 망…유동성, 생산성을 저하시키며 나아가 회사의 성장 능력도 낮춥니다."[1]

가족에 있어서도 마찬가지입니다. 통합이 부족하면 우리는 덜 유동적이고 덜 생산적이게 됩니다. 이로써 자신과 아이들의 성숙이 저해되고요. 왜 그럴까요? 왜냐하면 우리는 합리적인 것들에 원래 연결되어 있기 때문입니다. '합리성'은 삶의 처음 10-20년간 중요한 부분을 차지합니다. 그리고 완전히 다른 요소들 사이에서 숨쉬며 사는 때가 되면, 진정한 자신이 되는 것은 어려워집니다. 이런 이질적인 요소는 삶이란 깊거나 대단한 의미가 없다고 느끼는 것입니다. 우리는 똑똑하고 평화롭고 겸손하며 사랑스럽고 능력 있고 환하고 자애로운 사람이 되고 싶은데도 말이죠. 우리는 미덕 없으면 창의력, 용기, 공동체 의식이 부족해지고 더 나은 해결 방법을 찾거나 기회를 이용하는데 어려움을 느낍니다. 그렇기 때문에 통합의 대가로 공허함을 느끼게 됩니다.

통합은 너무도 깊고 강력한 것이기 때문에 우리의 구성 요소 중에서 영혼이 가장 중요한 부분이 됩니다. 영혼이 다양한 데이터 포인트, 지표, 가치, 지

---

[1] http://www.netsuite.com/portal/resource/articles/software-system.shtml

식, 경험을 통합하는 능력을 관장합니다. 이 때의 경험이란 혼란스러운 도전 과제나 역동적인 진화의 단계를 이끌고 조정하는 것입니다. 그 과정 속에서 우리는 긍정적이고 생기를 찾아 지속 가능한 해결 방안을 생각해내게 됩니다. 영혼이 건강한 사람이 경쟁력과 개성도 있습니다. 건강한 문화를 만들어 인류의 구원과 혁명에 기여하기도 하고요. 어떻게 해야 우리의 영혼이 높은 수준의 건강을 유지할 수 있을까요? 성장 중심의 가족을 만들면 됩니다.

이 영혼이라는 것이 약간 가볍게 들리거나 우리가 마주하는 실제적인 문제와는 관련이 없는 것 같아 보일 수도 있습니다. 그렇다면 요람에서 무덤까지 평생에 걸쳐 발전한다는 장기적인 시각으로 볼 때, 진정한 문제는 무엇인가요? 그 문제들은 간단한가요, 복잡한가요? 가장 어렵고 힘든 싸움은 눈에 보이지 않으면서도 가족을 완전히 파괴할 수도 있는 그런 싸움입니다. 보이지 않는 힘에 의한 실패, 거절, 외로움, 자존감, 그리고 다른 감정적인 문제들은 우리를 맹목적으로 건강하지 않은 일상과 습관, 환경에 빠지게 합니다. 여기에 주 60-80시간에 달하는 일로 인한 만성적인 스트레스와 피로감까지 더하면 우리는 정말로 진정한 문제에 아주 가까워집니다. 이러한 문제의 근원을 찾는 것이 우리의 해결 방법의 일부가 아니라면, 우리는 진정한 문제가 무엇인지도 모르는 부정과 착각 속에서 살고 있는 것이나 마찬가지입니다. 통합이 없이는 모래를 조수의 반대로 삽질하는 것과 같습니다.

우리는 영혼이 번영할 때, 지속 가능한 성장을 만드는 해결 방법을 찾게 됩니다. 그러한 방법으로 우선 순위와 전략을 세우고 가장 중요한 일을 실행하여 우리를 이끌고요. 이 때 지속 가능성이 중요한 요소입니다. 우리는 비지니스 상에서 많은 사람들이 이런 모토를 가지고 있는 걸 보게 됩니다 "최선을 다하지 마세요. 성공을 위해 필요한 무엇이든 하세요." 인상적인 말 같지만, 그렇게 스스로를 극도로 피곤하게 하면 결과는 망가진 몸, 피상적인 관계, 해체된 영혼 뿐 입니다. 단기적인 해결 방안과 간단한 세계관이 남고요. 단순히 일만 중심으로 하는 삶이라 할 수 있습니다. 하지만 이런 일들은 꽤 흔합니다. 왜냐하면 장기적인 해결 방안은 인내와 겸손을 필요로 하기 때문입니다. 또한 우리의 불안정한 본능과 자존심에 불을 붙이기도 하고요. 또한 우리는 내부에 아주 약한 결핍의 마음 가짐을 바탕으로 하고 있기 때문입니다(8장에서 자세한 내용을 확인하세요).

우리는 더 많은 것을 원해야 합니다. 우리의 핵심은 "충분하다"는 느낌을 가질 때 큰 이익을 봅니다. 나는 충분히 갖고 있다. 충분히 하고 있다. 나는 충분하다. 이것이 바로 통합의 근원입니다. "내가 할 수 있는 최대(Best I can)," BIC를 좌우명으로 삼으세요. 이 자세가 나의 경계선과 한계치를 알고 가장 중요한 것들의 건강과 지속 가능성을 유지할 수 있습니다. 바로 영성, 관계, 감정이요. 우리가 희생하지 않으면서도 가장 중요한 것을 존중할 때, 합리적인 삶을 영위하게 됩니다. 단순히 인간이 하는 일 뿐만이 아니라, 삶 자체를 인간답게 살 수 있습니다. 영혼이 살아서 번영하지 않고는 가장 중요한 가치들이 그저 그런 가치들에 희생당합니다. 가장 가치 있는 것이 그저 그런 가치에 희생당하고, 최고의 것이 그저 그런 좋은 것에 희생당합니다. '필요한 무엇이든'에서 '내가 할 수 있는 한'으로의 변화에 대해서는 9장에서 자세히 다루었습니다.

이 책과 함께 나아가면서 저는 여러분들이 다음 질문에 기꺼이 대답해보셨으면 좋겠습니다:

이것이 개인으로서 우리에게 의미하는 바는?

이것이 우리 가족에게 의미하는 바는?

이것이 우리 일에 의미하는 바는?

이것이 우리 세상에 의미하는 바는?

이것이 우리 미래에 의미하는 바는?

저는 수많은 분야의 지식을 모아 이 소중한 정보를 더 쉽고 분명하게 이해할 수 있도록 책으로 엮었습니다. 이 책은 학술적이거나 연구를 바탕으로 한 '논문'이 아닙니다. 제가 삶의 다양한 측면에서 겪은 개인적인 연결의 이야기입니다. 실수와 실패, 신앙 중심의 목회 활동, 그리고 선생님으로서, 관리자로서, 대학원생으로서 교육 분야에 종사했던 일, 타인과 봉사활동을 하거나 타인을 이끌었던 일, 코치에서 부모와 리더로, 비지니스를 운영하고 기업가로서 리더십을 발전시키는 일, 궁극적으로는 주님과 제 관계를 성장시키고, 아내와 아이들을 향한 사랑을 키우는 일까지. 책에서 읽으시는 모든 내용을 활용하셔서 여러분들도 주관적인 통합을 이룰 수 있기를 바랍니다. 저의 책이 여러분을 격려하고 여러분의 성장과 중심, 가족에게도 도움이 될 수 있기를!

감사의 말

나의 구원자 주 예수 그리스도. 당신은 저를 진정으로 이끄시며 변화하시고, 성장 중심이 되도록 유지시킵니다.

메이, 리엔 그리고 랜디. 우리 가족의 인내와 내 성장, 발전의 새 단계에 지지해주고 견뎌주어 고마워요.

수석 에디터로 활동해준 리사 체라솔리님, 제 원고를 읽을만한 가치가 있고 명확한 아이디어가 흐르는 책으로 만들어 주셔서 감사드립니다. 제 책에 활기를 불어 넣고 함께 하는 동안 제게 수많은 발전과 기쁨을 주셨습니다. 이 책을 건설적으로 교정하고 멋진 제안을 주셔서 덕분에 많이 의지할 수 있습니다.

도린 메이어님, 인내심을 가지고 제 원고를 교정해주셔서 진심으로 감사드립니다. 덕분에 책이 한 단계 더 명확하게 업그레이드될 수 있었습니다. 그렇게 많았던 "will"도 제거해주시고 꼼꼼하게 체크해주셔서 감사합니다.

일레인 헤링님, 임신 후반기에도 제 책에 많은 노력을 기울여 주셔서 진심으로 감사의 말씀 전합니다. 덕분에 제 원고가 덜 수동적이고, 더 능동적인 표현으로 마무리 될 수 있었습니다!

어머니, 어머니의 무한한 사랑과 지지에 감사드립니다. 어머니야말로 기업가, 코치, 작가로서의 제 새로운 인생에 큰 힘이세요. 아버지를 보내드리고 나서도 건강하고 계속 성장하는 어머니의 모습이 제게 항상 영감이 됩니다!

성장 중심 가족

더 나은 육아와 가족 관계를 위한

전체론적인 전략

1부 : 왜 성장 중심인가?

*1*장: 중심

*2*장: 욕구

*3*장: 시간

*4*장: 미래

*5*장: 도전

1장: 중심

부모들은 왜 아이들에게 열정이나 재능이 아니라 안정적인 직업에 집중하라고 강요할까요? 이러한 부담은 아이들이 진로를 결정할 때 흥미보다 안정을 우선시하여 금융, 약학, 의학 쪽의 커리어를 선택하게 합니다. 돈을 많이 버는 직업이겠죠. 하지만 이런 '성공'을 거머쥔들 정신적 건강과 성숙을 희생시킨다면 성인이 되어 결혼과 육아에도 엄청난 어려움을 겪을 것입니다. 위험을 기피하는 직업 선택은 사회의 거대한 틀에 맞지 않는 사람들을 탈선시키기도 합니다. 그렇다면 이런 불안정에 대한 공포는 어디서 오는 걸까요? 빈곤과 경제적 위기를 방지하려는 노력이 하나의 동기임은 확실합니다. 하지만 두려움을 다루고 반응하는 데는 항상 고려해야 할 점이 있습니다. 이 문제를 지나치게 단순화할 수 있다고 생각하는 것은 망상일 뿐이며, 최악의 경우 자기 파괴적일 수도 있습니다. 또한 결혼이나 경제, 육아 등의 가족 문제를 효과적으로 해결하는 것도 방해하고, 불안감의 뿌리까지 감추게 됩니다. 그렇게 소중한 관계를 괴롭히고 가장 중요한 가치인 영혼의 안녕, 유대관계의 근원까지 말살해버립니다. 경제적 안정은 이루면서 치뤄야 할 대가란 무엇일까요?

물론 경제적 안정도 중요합니다. 하지만 그것이 인생의 중심이 될 수는 없습니다. 중심이 정해지면 다른 것들은 모두 그에 맞춰져 우선 순위나 방향, 결과까지 정하게 됩니다. 그리고 인생의 모든 가치와 의미, 이해 가능성도 결정합니다. "잘못된 중심"들은 무의식중에 정해져 버려 우리 인생에 큰 혼란과 파괴를 가져옵니다. 그럼에도 우리는 이를 바로 보지도 못하고, 진정한 원인 이외의 것만을 보죠.

이러한 중심들은 경제 문제를 만들고, 큰 슬픔을 주며 물질 남용 및 다른 중독 행위도 낳습니다. 아이들에게는 행동 장애나 학업 관련 문제를, 정신적으로는 적대감, 분리, 단절까지 이끌어내어 건강을 위협할 수도 있습니다. 잘못된 중심은 가족의 삶에 대한 적응력도 낮춰 만성 질환 등의 역기능을 유발합니다. 우리가 장기간(몇 십년간이라고 가정해보죠) 이런 삶에 빠져있는 동안 중심은 오히려 문제를 만드는데 기여하고 해결책은 만들어내지 못합니다.

중심은 우리의 삶을 지배합니다. 우리가 가장 중요하다고 생각하는 것이 우리의 우선 순위를 결정합니다. 우리는 종종 무엇이 가장 중요한지 의식하지도 못하는데요. 의식적으로 우선 순위를 만들려고 해도 무의식중에 세워놓는 우선 순위가 이를 약하게 만들기도 합니다. 성장을 중심으로 하는 것은 이런 핵심 신념과 가치를 맞물리게 합니다.

우리가 이해할 수 있는 범위 밖의 본능적인 중심으로는 어떤 것들이 있을까요? 그리고 이를 명확히 한 후 무엇을 할 수 있을까요? 예컨대 우리에게 아이들이 인생의 전부라고 말은 모두 그렇게 할 겁니다. 하지만 더 깊이 생각해보면 우리가 아이들을 위해 내린 결정과 설정한 목표는 아이들이 잘 살 수 있게, 성공할 수 있게 도와주기 위한 진정한 방법이 아니라 불안감이나 걱정에서 온 것일 수 있습니다. 즉, 실제로는 아이들에게 가장 좋은 것이 아닌 우리가 생각하기에 가장 좋은 것이기 십상이죠.

사람들은 대부분 가족이 중요하다고 말하겠지만 사실 이는 꽤 흔한 관념상의 중심입니다. 더 가까이 관찰해보면 그들의 가족 관계는 진정한 중심을 오히려 파괴하며 고통을 주는 관계입니다. 각 구성원의 발전은 멈춰버린 상태이며, 더 안 좋은 경우 퇴보하는 상태에 있기도 합니다. 더 깊은 본능적인 신념과 기본 가치에 시간, 관심, 에너지가 집중되지 않고 건강한 관계나 영혼을 위한 중심을 두지 못하게 됩니다.

이런 중심들은 실제 시간, 행동, 심지어 스스로에게 말하는 이야기나 우리가 관리하는 방법까지 통제합니다. 깊은 신념은 우리가 가치 있게 느끼고 중요하게 생각하는 것들을 결정합니다. 이것은 우리가 부끄러움, 두려움, 불안함 같은 어려운 감정들을 다루거나 혹은 다루지 않는 방법에 관한 이야기이기도 합니다. 하지만 이러한 중심들이 수년간, 수십년간 우리를 지배하도록 내버려 두면, 우리는 어느샌가 무의식적이고 기본적으로 그렇게 행동하는 사람이 되어버립니다. 물론 이렇게 우리의 삶과 가족이 조직되게 하고 싶지는 않겠지만, 현실적이고 필요한 것, 최선이 무엇인지에만 사로잡히게 됩니다. 심지어 이런 맹목적인 태도로는 자신이 스스로와 타인이 상처받는 세상을 만들고 있다는 사실을 직면하지 않고 거부할 수도 있습니다.

예컨대 삶의 공급을 생각해보죠. 부모가 가족에게 생리적인 욕구(음식과 건강)와 안전에 대한 욕구(일과 주거지)를 충족시키는 것만 기본이자 최우선으로 설정하면 직장에서의 일이 중요한 요소가 될 것입니다. 일이 있어야 앞서 말한 그런 요구에 부응할 수 있기 때문이죠. 그러면 우리는 일에 점점 더 많은 시간과 에너지를 쏟는 것을 당연하게 여깁니다. 돈을 더 많이 벌어서 건강 보험, 집, 교육에 쓸 돈을 마련하겠죠. 하지만 가장 귀중한 재화인 시간이 일에 집중되면 당연히 사랑하는 사람들을 위한 시간이나 에너지는 적을 수밖에 없습니다. 그러므로 사랑, 가족, 존경심은 타협의 대상이 되고 맙니다. 결국 모든 가족 구성원들은 충족되지 못한 욕구와 그에 따라 살아가게 됩니다. 우리를 진정으로 가치 있고 의미 있는 사람으로 만드는 타인과의 유대감도 충족될 수 없습니다.

우리의 중심을 유형의 것으로 정해서는 안됩니다; 번영, 성공, 성취는 무형의 것, 즉 보이지 않지만, 유형의 것을 관리하는 능력에 중심을 두어야 합니다. 즉, 두려움·걱정·부끄러움·불안감을 사라지게 할 수 있는 핵심 가치들을 기르는 능력이죠. 사실 아주 간단한 방식으로 이뤄낼 수 있는 일입니다. 사물을 보고 이해하고 해결하는 방법을 간단하게 하는 겁니다. 그래야 진정한 성공을 기대할 수 있고요. 성경에서는 심플한 삶과 지혜를 엮어 그렇지 않은 상황에 대해 경고를 합니다.

"어리석음을 버리고 생명을 얻으라 명철의 길을 행하라 하느니라" 잠언 9:6.

"어리석은 자는 온갖 말을 믿으나 슬기로운 자는 자기의 행동을 삼가느니라" 잠언 14:15.

"어리석은 자는 어리석음으로 기업을 삼아도 슬기로운 자는 지식으로 면류관을 삼느니라"

잠언 14:18.

"슬기로운 자는 재앙을 보면 숨어 피하여도 어리석은 자는 나가다가 해를 받느니라" 잠언 22:3[2]

모든 것은 드러나야 하고, 탐험해야 하며, 토론해야 하고, 과정들을 거쳐 평가되어야 하며, 수행되어야 합니다. 특히 간단한 것들은 더 그렇고요. 우리가 건강하게 의미 부여를 하고 지속 가능한 문화를 창조하며 장기적인 이익을

---

[2] 「성경전서 개역개정판」, 재단법인 대한성서공회

낼 수 있게 하는 통찰력은 눈에 보이지는 않습니다. 하지만 믿음·희망·사랑과 같은 강력한 가치로 삶을 이루는 중심에서 옵니다. 이것이 제가 이 책에서 공유하고자 하는 바이며, 이것이 여러분과 여러분의 가족들에게도 더 큰 성장을 가져다 주길 바랍니다.

핵심 가치관은 우리의 중심에 큰 영향을 미칩니다. 성장과 가치관은 주로 함께 자라는데, 주로 가족들의 출신과 문화에 맞춰서 만들어집니다. 이러한 가치관은 학창 시절이나 직장 생활 초기에는 도움이 될 수도 있습니다. 근면, 희생, 선택의 자유, 자기 결정, 다양성, 존중. 이 모든 것은 이로운 가치입니다. 하지만 성인이 되고 헌신적인 관계를 만나 가족을 이루게 되면, 이런 중심들은 부차적이게 됩니다. 왜 그럴까요? 우리가 가족을 만드는 그 첫 번째 이유 때문입니다. 바로 사랑. 사람이 교육을 잘 받고 일을 성공적으로 하게 도와주는 핵심 가치들은 보통 관계에서 성공하는 가치와 다릅니다. 장기적인 삶과 사랑이 가능한지의 그 여부가 우리의 중심을 인증합니다.

하지만 그렇다고 모든 중심이 다 동등한 것도 아닙니다. 어떤 중심들은 다른 것들보다 우위나 하위에 있기도 합니다. 우리가 일을 중심으로 두고 대부분의 시간과 에너지를 쏟아 나머지는 오직 먹고 자는 데만 쓴다면, 핵심 원칙을 타협해버립니다. 반면 노동이 결실을 맺고도 스스로와 가족을 위한 시간이 남는다면, 균형과 지속 가능성을 추구할 수 있습니다. 건강과 생기를 주는 삶도 조직할 수 있고요.

당신의 진정한 중심은 무엇인지 명확하게 정하세요. 당신이 정말로 되고 싶은 것이 무엇인지 결정하세요. 이 과정을 무시하면 결국에는 원치 않는, 피할 수도 없는 결과를 낳게 됩니다. 이는 우리의 건강, 관계, 사랑하는 사람에게까지 부정적인 영향을 줍니다. 최악의 결과는 영원한 파국으로, "그건 원래 그래요."라고 체념하는 사람이 되는 것입니다. 파국의 길을 경험하는 것 자체가 잘못된 것은 아닙니다. 다만 그 과정에서 상황을 인식하고 우리가 신과 서로와, 스스로와 일체가 되는 길에 있음을 깨닫는 것이 중요합니다.

성장을 중심으로 한다고 해서 파국 자체를 두려워하지 않거나 피하게 되지는 않습니다. 오히려 성장을 중심으로 하기 때문에 파국을 받아들이고 만회하는 노력을 해야 하죠. 이는 내면 생활을 우선시함으로써 두려움이 아닌 사랑을 뿌리로 삼아 스스로에게 변화를 이뤄내는 일입니다. 삶을 부족함이 아닌 풍족함의 자세로 대하는 것. 사고 방식의 중심에 불변이 아니라 성장을 두는 것. 이런 단계적 변화를 경험하는 것이야말로 자유와 사랑의 길입니다.

이를 가능하게 하는 3가지 방법:

온라인 핵심 가치 평가 테스트를 찾아 목록을 만들고 가장 중요한 가치 5가지를 고르세요.

삶의 수레바퀴 테스트를 찾아 다양한 요소에서 얼마나 실천하고 있는지 확인해보세요.

지난 30일간 스스로가 다양한 방면으로 얼마나 많은 시간을 보냈는지 계산해보세요.

결과를 되돌아보고 어떤 중심이 이 모든 것을 돌아가게 하는지 생각해보세요. 그리고 스스로에게 진정으로 그것을 원하는지 질문해보세요. 답이 '예'라면 좋습니다! '아니오'라면 어떤 선택을 하실 건가요?

현명하게 중심을 선택하세요.

2장: 욕구

우리는 모두 욕구가 있습니다. 인생에서 욕구는 어떤 것이든 모두 필요합니다. 욕구를 소홀히 하는 것은 절대 좋지 않으며 결과적으로 그 상황의 악화, 심지어 죽음과 같은 역기능도 일으킵니다. 삶의 대부분에 광범위한 파괴를 가져오죠.

에이브러햄 매슬로(Abraham Maslow)는 20세기 저명한 심리학자로, 매우 건강하고 성공한 사람들을 연구해 인간의 동기화 이론을 발전시켰습니다. 매슬로는 욕구 위계를 만들어 우리의 잠재력 발달에 도움을 주는 것을 확인할 수 있도록 했습니다. 그는 최하층에 생리적 욕구(공기, 음식, 수면, 성, 배설 등)를 두고, 두 번째 층에 안전과 신체적 보호에 대한 욕구, 그 다음엔 건강이나 수입, 소유물, 은신처 등을 보호하고자 하는 욕구를 두었습니다. 이어서 소속감과 사랑, 존중에 대한 욕구를 차례로 두었습니다. 이 4가지 욕구가 모두 충족되면 사람은 인지적·미적·초월적 욕구에 대한 갈망을 하게 되고 그에 따라 더 동기 부여 됩니다. 그의 피라미드 욕구 위계는 다음에서 확인해볼 수 있습니다. https://en.wikipedia.org/wiki/Maslow%27s_hierarchy_of_needs.

물론 위 체계는 각 위계간의 경계가 뚜렷하진 않아 개인적으로는 맹신하지 않지만 우리가 성장을 중심으로 두어야 하는 이유에 대해 이해를 도와줍니다. 매슬로우의 욕구 위계 모델은 우리 스스로의 최대 잠재력을 지속적으로 발휘하는데 필요한 것이 무엇인지 확인하게 해줍니다. 이 모델은 5가지 위계로 이루어진 피라미드 모델로 2가지 특성으로 나뉩니다. 이는 결핍 욕구(생리, 안전, 사랑, 존중의 욕구)와 성장 욕구(자아 실현의 욕구)입니다. 원래는 5가지 위계가 있었으나 성장 욕구를 더 명확히 정의하기 위해 몇 년에 걸쳐 위계가 추가되기도 했죠(인지적·미적·자아 실현·초월적 욕구). 하위 수준의 욕구를 우선 충족해야 상위 수준의 욕구가 발현되어 진정한 동기화를 이룰 수 있습니다. 우리가 동기를 지속 가능하게 부여받고 싶다면 몸과 마음의 건강을 모두를 지켜야 합니다. 피라미드 상위 수준의 성장 욕구를 이루고 싶은데(존중 및 자아 실현의 욕구 개발), 의식적·무의식적으로 결핍 욕구(안전 및 생리적 건강)를 소홀히 하면 그 결과는 지속 불가능한 진보일 뿐입니다.

모든 위계의 욕구가 중요하지만 하위 계층의 욕구가 충족되지 못한 상태에서 상위 계층의 욕구를 추구하면, 장기적으로 균형·관리에 힘든 시간을 보내게 됩니다. 그 중에서도 관계에서 가장 힘든 시간을 겪습니다. 결핍 욕구가 충족되지 못하면 우리는 불안감에 반응하게 되기 때문입니다. 각 위계가 적절하게 충족되어야 전체 피라미드, 즉 우리의 영혼이자 자아가 강해집니다. 각 단계가 효과적으로 그 다음 단계를 받쳐줘야 용감하면서도 이타적인 행동을 할 수 있습니다. 그렇지 않고서는 우리가 원하는 삶을 건강하게 살고 성공할 수도 없습니다.

결핍 욕구를 막는 대신 채우는 것은 영혼의 건강에 대한 지표입니다. 사실 우리 영혼의 본질이야말로 욕구입니다. 그러므로 감정이 풍부한 삶은 결핍을 주의 깊게 관찰한 삶이라고 할 수 있습니다. 그렇게 우리는 성장 욕구까지 발현되는 단계에 이르게 됩니다. 기본에 충실할 때 지속 가능한 방식으로 삶을 만드는 신념을 구체화하는 원리죠. 우리가 자신을 적절하게 보살필 때, 가족도 각자를 보살피도록 이끌 수 있습니다. 이런 유대감으로 우리는 자유로워집니다.

우리가 스스로를 살피지 않으면 관계는 과잉 보호로 편향되거나 외현적인 지배로 나타나게 됩니다. 더 안 좋은 경우 관계 자체를 포기하거나 냉담한 태도를 가지기도 합니다. 욕구를 충족시킨다는 것은 잠재력이 최대한 발휘되고 진정한 성장의 피라미드에 오르는 것과 같습니다. 이 도전은 결핍 욕구에 대한 상당한 지지가 요구됩니다. 이로써 우리의 영혼은 신체, 마음과 통합될 수 있습니다.

가장 흔하게 방치되는 결핍 욕구는 사랑과 소속감입니다. 이들은 무형의 욕구이지만 가시적인 가치나 에너지와 연관되기 때문에 채워지기가 더 어렵습니다. 우리는 가족 구성원들이 사랑 받고 인정 받도록 도와주는 것이 단순한 일이라고 생각합니다. 스스로 평상시에 욕구를 인지 조차 못하고 있을 때 일어나는 착각이죠. 게리 채프먼(Gary Chapman)은 사랑의 언어에 대한 이해로 우리에게 통찰력을 전해줍니다. 시간, 접촉, 선물, 섬김, 말. 우리는 이 모든 것을 필요로 하지만 보통 이 중 한 두개에만 끌리기 마련입니다. 우리가 이런 다양한 언어를 이용하면, 사랑 받는 느낌은 더 깊어지고 강렬해집니다. 저는 말과 접촉에 끌립니다. 저희 가족들과도 이 테스트를 해봤는데, 서로의 결과를 비교해보는 재미가 있더군요. 이 사이트에서 확인해보세요: http://www.5lovelanguages.com/profile/.

아래 간단하게 설명을 준비해봤습니다:

긍정적인 말: 이 언어는 말을 이용해 긍정적으로 서로를 고무하고, 사랑하는 사람의 가치와 아름다움을 인정합니다.

섬기는 행동: 이 언어는 사랑하는 사람에게 행동으로 관심과 사랑을 표현합니다.

선물 받기: 이 언어는 사랑하는 사람에 대한 생각과 감정을 선물로 소통함으로써 이해심을 표현합니다.

귀중한 시간: 이 언어는 사랑하는 사람에게 우리의 시간을 온전하게 할애하고 함께 보냄으로써 그들이 깊게 사랑 받고 있음을 표현합니다.

신체적 접촉: 이 언어는 적절한 접촉으로 사랑과 관심을 표현합니다.

사랑과 소속감에 대한 욕구가 충족되면 자아 실현이라는 더 높은 수준의 욕구가 드러나게 됩니다. 이는 창의성이나 도덕성, 혁신적이고 지속 가능한 문제 해결법, 사실과 정보에 대한 개방성 같은 것들에 동기를 부여합니다. 무조건적인 사랑이 충족되면 우리는 헛된 존중에 더 이상 만족하지 못합니다. 허울뿐인 존재는 진정한 존재를 갈망하게 하고, 특히 자아 존중감의 욕구를 건강하게 채울 수 있는 방법을 찾습니다. 사랑 받는다는 느낌을 받으면 우리는 진정한 가치를 자유롭게 찾을 수 있습니다. 반짝거리는 멋진 유혹으로부터 스스로를 보호할 수도 있습니다. 이런 헛된 유혹은 스스로를 중요한 존재라고 느끼게 하지만, 실은 우리를 두려움과 불안감의 노예로 만들어 스스로를 진정으로 가치 있다고 느끼지 못하게 합니다.

저는 이런 부분을 소홀히 하면 우리의 뇌가 부정적인 것에 반응하고 가장 중요한 것은 거르게 된다고 생각합니다. 또한 더 큰 두려움·걱정·무관심만 커져 자비·동정심·용기는 잃게 됩니다. 반대로 이런 욕구를 충족시키면 우리는 잠재력을 최대한 발휘하여 최고 상태의 자아로 성장하게 됩니다. 이런 상태는 가히 마음과 몸, 영혼이 하나가 된 상태라고 할 수 있습니다. 통합 없는 삶에는 의미도 없습니다. 물론 변화하는 사랑의 실천이 있다면 창의적으로 용기 있게 도덕적인 선택을 할 수 있고, 가정·직업상의 문제 등 거시적 사회 문제들도 해결할 수 있는 삶을 살 수 있습니다. 그리고 더 나아가 스스로와 타인, 미래의 동반자에게까지 모두 유리한 해결책을 만들어 실천하게 됩니다.

그런데 어떤 욕구의 충족이 가장 중요할까요? 최고 위계의 욕구와 최저 위계의 욕구는 똑같이 중요한가요? 중간 위계는 어떤가요? 사실 사랑·소속감·존중에 대한 욕구, 즉 중간 위계의 욕구의 결핍이 해결하기 가장 어렵습니다. 이 욕구들을 건강하게 충족시키지 못하면, 최고 위계 욕구들, 특히 용기를 필요로 하는 도덕적 선택이나 문화적 큰 문제 해결 등은 놓쳐버리고 말 것입니다. 또한 스스로가 정말 할 수 있는 일, 될 수 있는 사람, 우리가 창조된 존재의 목적도 잃어버립니다. 오히려 거대하고 독점적인 시스템의 한 톱니바퀴가 되어 도덕성 쇠퇴, 경제적 욕망과 부패, 인간적인 삶의 끔찍한 평가 절하만을 경험하게 될 것입니다.

중간 위계의 욕구를 충족시키는 것은 존중에 대한 그 다음 단계 욕구를 건강하게 채우는 데 아주 중요한 전제 조건입니다. 스스로를 위한 사랑과 소속감을 의식하지 않으면 우리가 하는 일과 소유물로만 이러한 욕구를 채우려 하게 됩니다. 이런 사태는 무의식적으로 일어나기 때문에 일이 쉽게 모든 것을 이겨버립니다. 우리의 행동이 원칙을 지배하는 순간 파국과 파멸이 일어나고요.

마가렛 헤프넌의 의도적 외면에서는 지난 세기 개인 및 집단에 의해 일어난 다양한 종류의 파괴적이고 무서운 비극을 나열하고 있습니다. 아래 목록이 해당 사건들의 일부입니다:

아일랜드에서 벌어진 로마 카톨릭 교회의 성추행

엔론(Enron) 스캔들

몬태나 주 리비시(市) 석면증 유행 및 은폐공작; 미국 사상 최악의 인공 환경 재앙 중 하나

제 3제국과 홀로코스트

2008년 서브프라임 금융 위기

BP Texas 정유공장 화재 폭발 사고

　헤프넌은 이러한 끔찍한 사건들에 공통적으로 기여한 요소를 파악해 지적했습니다; 순응, 경쟁, 궁핍, 복잡성, 조직적·구조적 불투명성. 그 중에서도 가장 중요한 점은 대부분의 사건들이 돈과 권력으로 인해 일어났다는 것이었습니다. 왜 이렇게 지나친 강박 행동이 일어날까요? 바로 불안 때문입니다. 그렇다면 사람들은 왜 그렇게 불안해할까요? 저는 그 이유가 결핍 욕구의 미충족 때문이라고 생각합니다. 더 나아가 이런 행동과 결정이 전반적이고 반복적으로 나타나면 상관관계적·조직적·사회적 맹목이라는 결과를 낳게 됩니다. 이는 많은 사람들의 삶에 대규모 충격을 가져옵니다.

　우리는 이러한 비극, 혐오, 폭력, 인간성의 파괴를 왜 계속해서 경험할까요? 이는 사람들이 사랑과 소속감, 존중에 대한 욕구를 건강하게 충족하지 못한 결과입니다. 대부분의 시간과 에너지를 일에만 쏟고 이데올로기적 중심은 영혼 없는 대상에 두면 건강한 정신을 가질 수 없습니다. 어떤 것을 우선순위로 두어야 할지 조차도 모르게 되죠. 장기적으로는 인간이 창조해야 할 지속 가능한 신뢰와 열정, 영감의 문화에 마음을 쓸 수도 없습니다. 잘 사랑하는 것, 전체론적으로 번영하는 것, 자기 가치를 발견하고 영혼을 유지하는 것. 이 모든 것은 그야말로 혼란과 도전입니다. 게다가 우리는 현재 사회 경제적인 질서, 기업과 정치 사이의 연결, 종교와 인종의 다양한 스펙트럼 속에서 살아가고 있습니다. 그래서 중간 위계의 욕구가 그만큼 중요한 것입니다.

다만 결핍 욕구가 중요한 만큼 최고 위계의 욕구, 자아 실현의 욕구도 무시할 수는 없습니다. 세대 간의 삶을 지탱하는 것은 사람들이 객관적인 진실성을 가지고 살아가는 것을 의미합니다. 이는 오늘, 내일, 그리고 미래의 모두를 이롭게 하는 방법으로만 가능합니다. 나무를 상상해보세요. 나무가 계속 존재하기 위해서는 성숙해지고 매년 재생산으로 꽃을 맺어야 합니다. 우리도 이와 마찬가지로 최고 위계 욕구를 충족시키기 위해서는 긍정적으로 보존해야 합니다. 즉, 우리가 초월적 욕구를 실현시켰을 때만 인류는 지속적으로 발전할 수 있습니다. 그렇지 않으면 공포·중독·적대심·파국의 노예로 전락할 것입니다.

4가지 기본 욕구가 충족되면 우리는 가장 진실되고 최고 상태인 자아를 추구하는 동기가 부여될 것입니다. 하지만 어째서 모두 낮은 단계에 머물러 발전하지 못하는 것일까요? 저는 이것이 모두 부족하다는 마음에서 온 실용주의의 문제라고 생각합니다. 아무것도 충분치 못하다 느끼고 항상 더 나은 것이 있을 것이라고 느끼는 자세는 그 자체로 하나의 사고방식이 되어버립니다. 그리고는 효율, 실용성, 위험의 회피를 끊임없이 우선 순위로 두게 되죠.

오늘날 실용주의는 상식이라고 여겨집니다. 결핍의 마음가짐은 경쟁을 부르고 진실과 지속 가능한 건강은 경시합니다. 이런 자세는 불안함, 걱정으로 만들어져 있고 수많은 사람들의 잠재적인 지혜·정신·용기·동정심·자유·초월성 등을 앗아갑니다. 그 대신 죽음 혹은 그 이상의 문제를 일으키기도 하고요. 이 모든 것이 너무 극적으로 들릴 수도 있겠지만 사실 역사는 실제 이런 현실을 이어왔습니다. 최고 위계의 욕구가 충족되지 않으면 낮은 위계의 욕구를 채우는 데만 더 집착하여 우리는 스스로를 노예로 만들고 그 상태에 의존하게 됩니다. 이는 종종 평화 대신 중독 같은 해롭고 비이성적인 행동을 일으키기도 합니다.

이 책에서는 문제를 해결하기 위한 성장에 대해서 계속해서 논의해 볼 예정입니다. 이 성장은 우리 깊은 내부의 성장일수도, 우리가 사랑하는 이들의 성장일 수도 있습니다. 가정의 건강을 높은 수준으로 지키는 것이야말로 가정을 지속 가능하게 유지하는 방법입니다. 우리가 겪은 에너지와 변화를 직업세계까지 가지고 갈 수 있다면, 사회도 진정한 사랑이 만드는 창신, 적응, 혁신으로 이로워질 것입니다.

모든 욕구를 충족시키고 싶으면서도 성장을 그 우선순위로 두지 않는다면 그만큼 심각한 잘못도 없습니다. 성장을 통해서 최고 위계의 욕구가 나타나고 실현되며, 그 이후에 타인에게도 이를 전달할 수 있습니다. 인지적·미적·자아실현 등 초월적 성장 욕구는 단순한 발현뿐 아니라 개인의 보완 및 성숙의 관점에 있어서도 필수적입니다. 매슬로에 의하면 "인간은 자신이 될 수 있는 그것이 되고야 만다."고 합니다. 이러한 욕구는 깊은 추진력입니다. 하지만 충족되지 못한 욕구들에 갇혀있으면, 이러한 자아 실현의 욕구가 우선 순위가 될 리 만무합니다. 게다가 본능적으로 우리는 스스로의 가치를 인정하지 않는 경향이 있기 때문에 이 욕구들은 충족되지 않은 채로 있게 되기 쉽습니다. 우리가 어린 시절 배운 기본 신념은 우리가 하는 일이나 성과로 스스로의 가치가 결정된다는 점입니다. 하지만 자존감은 성취나 소유로 충족될 수 없습니다. 오히려 더 깊고 무조건적인 사랑, 수용으로 지탱되어 충족됩니다. 우리가 환경적인 신호(일상 생활 공간, 네트워크, 내면의 이야기 등) 및 그 자각을 통한 변화를 경험하지 않으면, 높은 위계의 욕구는 발현조차 되지 않습니다. 그러면 자신이 될 수 있는 존재, 더 나아가 되어야 하는 존재까지 놓쳐버릴 것입니다.

"인류의 이야기는 사람들이 스스로를 과소평가하는 이야기다."

— 에이브러햄 매슬로

최고 위계 욕구를 충족하지 않는 경우는 사실 매우 흔합니다. 먼저 가정에서 일어나는 가장 흔한 예를 들어봅시다. 부부관계, 부모-자식 관계, 형제자매 관계가 흔히 실패합니다. 부모-자식 관계의 경우 아이들이 청소년기에 일으키는 큰 문제가 있죠. 이런 문제들은 왜 일어날까요? 부모들은 커리어를 우선시하고 경제적인 지원을 하는 가장 낮은 위계의 욕구를 우선으로 합니다. 주당 50-80시간씩 일하면서 아이들과 스스로에 대한 존중과 사랑을 하찮게 여기거나 희생합니다. 다시 잘 해보고자 하더라도 종종 실패하는데, 이는 딜레마를 풀기 위해 문제를 만든 그 마음 가짐과 같은 태도를 유지하기 때문에 문제를 오히려 더 키우게 됩니다. 알버트 아인슈타인은 이런 말을 했습니다. "우리가 가진 큰 문제들은 문제를 만들었던 그 마음 가짐으로는 해결될 수 없다."

그렇다면 부모들은 왜 그럴까요? 아마 부모의 중간 위계 욕구가 진정으로 충족되지 않아 최고 위계 욕구 자체가 발현되지 않았기 때문일 겁니다. 그래서 혁명적인 해결 방법을 찾기보다도 어릴 때 배운 낡고 제한된 규율이나 신념을 기반으로 하는 본능을 앞세웁니다. 이런 구시대적 정신 상태는 자신과 사랑하는 사람들의 영혼을 깎아 내리고 헛된 성취만 추구하게 됩니다. 이 부정적인 순환을 끊지 않으면 다음 세대는 결핍으로 흔들리고 열등한 신념과 규율에 시달리는 미래를 경험하게 될 것입니다.

예수님은 최초 녹음 설교(마태복음 5-7)에서 욕구에 대해 이렇게 설명합니다. 성령에 대한 욕구. 성령은 그리스어로 *pneumati*로, 숨과 바람, 영혼을 뜻합니다. 저는 이것이 궁극적인 욕구라고 믿으며, 이것이야말로 주님의 숨결이자 성령에 의한 영감이라고 생각합니다. 바로 우리 잠재력이 최대로 표현된 것이죠. 이는 주님의 초월적인 행동에 생기를 불어 넣고 우리의 영혼에도 같은 작용을 합니다. ("여호와 하나님이 땅의 흙으로 사람을 지으시고 생기를 그 코에 불어넣으시니 사람이 생령이 되니라" 창세기 2:7) 이 욕구가 발현되면 우리는 주님의 영감에 대한 거듭되는 욕구와 그 자각으로 살아가게 됩니다. 또한 지속 가능한 이로움을 원하고, 진정한 최고 욕구를 진심으로 오랫동안 추구하게 됩니다. 우리의 시스템도 정신적 산소가 넘치고 건강한 감정과 관계로 번영하게 될 것입니다. 또한 무산소 활동 시간을 점점 줄여서 무한한 생존 경쟁 역시 줄어들고요. 나머지 참행복은 이러한 삶의 확장일 것입니다.

성경에서는 사랑·진실성·용기·연약함에 뿌리를 깊게 내린 삶에 대해 묘사하고 있습니다. 이러한 견고한 가치는 우리가 진보적인 신념과 헌신으로 평화를 추구할 수 있게 도와줍니다. 그리고 시간이 지날수록 우리에게서는 튼튼한 영성, 정의 그리고 연민이 뿜어져 나올 겁니다. 이런 상태는 단기간에 달성하는 효율성과는 상관이 없습니다. 오히려 관계의 혼란스러움을 경험과 사고 방식으로 현명하게 구원하고 조화를 가져올 겁니다. 우리는 슬픔과 고통, 고난을 수용하는 용기로 사랑의 삶을 얻어내고 매일 성장과 품위, 혁명적인 삶의 환경을 만들어 유지·조절할 수 있습니다. 이러한 삶은 성스러운 사랑이 중심이 되어 모든 사람들에게 이롭고 축복이 되는 삶입니다. 또한 타인을 용서하고 깊은 명상·반성·기도·확신으로 용서를 받아들이는 것이기도 하죠. 물론 우리 스스로, 또 타인의 영으로 주님과 편안하게 대화함으로써 이룰 수도 있습니다. 우리는 이렇게 다양한 요소와 상호 작용하려는 노력과 마음을 키워야 영적 산소를 얻게 됩니다. 또 우리 몸과 영혼 전체에도 삶을 불어넣게 됩니다.

자, 이제 매슬로로 돌아가서 더 큰 성취를 위한 필수 무형적 차원을 알아봅시다. 바로 영혼과 영감에 따른 욕구 충족인데요. 이것은 더 높고, 깊고, 넓은 동기를 부여합니다. 영적인 영감은 고갈될 일이 없는 무한한 자원으로 현명한 삶을 살게 도와줍니다. 이는 주님과 우리의 영혼, 타인의 영혼을 연결하는 통찰력으로 가능합니다. 또한 이 영감은 우리를 깨우쳐 신념과 세계관을 변화시킵니다. 그에 따라 신체에 공기가 필요하듯 우리는 주님과 주님의 영감을 필요로 한다는 진리에 맞추게 됩니다.

성장을 중심으로 두면 생각과 행동의 목적, 관심을 깨닫고 반복할 수 있습니다. 이로써 방치된 필수 욕구로부터 벗어날 수 있습니다. 최고 위계 욕구가 발현되어 우리에게 동기를 부여하면 우리는 될 수 있는 존재, 되어야 하는 존재로 거듭날 것입니다. 매슬로의 욕구 위계에 대한 최근 연구에 입각하여 심리학자들은 피라미드를 수정하였습니다. (https://psychcentral.com/news/2010/08/23/updated-maslows-pyramid-of-needs/17144.html 에서 확인하세요) 자아 실현의 성장 욕구를 위해서는 동반자 획득, 동반자의 유지, 육아가 추가되었습니다. 이는 영성에 대한 성서적, 고유한 범주의 현실에 대한 확언이라고 보입니다. 주님을 반영하는 하나의 창조물로서, 우리 존재의 주요 목적은 다른 누군가와 사랑하며 잘 사는 것입니다. 그리고 사랑을 기반으로, 성장을 중심으로 한 환경을 일구며 다음 세대를 키워내어 그들 역시 그들만의 영원한 자아를 발전시키고 성스러움을 완성할 수 있게 돕는 것입니다.

우리는 성장을 중심으로 두어 스스로와 타인의 욕구를 더 현명하고 옳은 방향으로 충족시킬 수 있습니다. 모든 것이 하나의 과정이며, 자아 발견의 여정입니다. 그것이 바로 인생이며, 가장 중요한 일이죠. 또한 우리는 삶의 의미와 유대, 문제 해결을 위한 능력을 키워나가면서 다양한 장애물도 극복해나갈 수 있습니다. 지속 가능하면서도 책임감 있게 모든 이들의 자유와 삶의 질을 제한하는 그런 장애물을 말입니다.

당신과 타인의 욕구를 모두 충족시킬 수 있는 중심을 선택하세요.

*3*장: 시간

"시간은 존재의 무한한 연속이며, 과거부터 현재, 미래에 이르는 되돌릴 수 없는 사건들의 연속이다." 4차원은 무의식중에 종종 간과되고 사라집니다. 그렇습니다, 시간 관리는 삶과 일에 걸친 모든 부분에 해당되는 엄청난 일입니다. 하지만 우리는 오늘, 내일 그리고 1분기에, 나아가 올해에 해야 할 일이 무엇인지 살피는 여유는 통제하고 오히려 행동하는 데만 초점을 맞춥니다. 하지만 우리가 어떤 존재가 되어가는지를 감안하고 성장 과정을 따라 잘 가고 있는지 확인하지 않으면, 거대한 계획의 중요한 부분을 빠뜨리고 있는 것입니다. 훌륭한 엄마나 아빠가 되고 싶다면 이는 더욱 중요하고요. 어떤 존재가 된다는 것은 삶에 중요한 측면입니다. 계속 존재하고 삶을 경험하는 한 우리는 무엇이든 될 텐데, 문제는 무엇이 되느냐겠죠. 시간이 가면서 우리에게 무슨 일이 일어나는 걸까요? 두 사람이 사랑에 빠져 서로에게 헌신하기로 결정하고 가족을 꾸리는 것은 어떤 일일까요?

결혼 후 몇 년이 지나고 부모는 30대, 40대, 그리고 50대를 거쳐 성장합니다. 반면 아이들은 유아가 되고 학교에 들어가고, 청소년기를 거쳐 성인이 되죠. 에릭슨은 정신·사회학적 발전에 대한 이론을 펼친 바가 있습니다. 이 이론으로 우리는 유아기에서 성년기 그 이상까지 성장의 역학을 이해하는 데 도움을 받아볼 수 있습니다(https://zanl13.wordpress.com/about/). 각 단계에는 극복해야 할 주요 위기와 갈등 및 도전이 있습니다. 이 모든 것들을 해결하면 원하는 덕목을 쌓게 되는 것이죠.

8단계의 잠재적 덕목은 아래와 같습니다.

1. 위기: 신뢰 vs. 불신. 덕목: 희망

2. 위기: 자주성 vs. 수치심와 의심. 덕목: 의지

3. 위기: 결단력 vs. 죄책감. 덕목: 목적

4. 위기: 근면성 vs. 열등함. 덕목: 능숙도

5. 위기: 독자성 vs. 역할의 혼란. 덕목: 신의

6. 위기: 친밀함 vs. 고립. 덕목: 사랑

7. 위기: 생식성 vs. 침체. 덕목: 관심

8. 위기: 진실성 vs. 절망. 덕목: 지혜

이 중 어떤 한 단계를 성공하지 못하면 더 큰 성숙으로의 길이 막히게 됩니다. 이 때 성공이라 함은 타인에 대한 신뢰, 사회적으로 건강한 자아, 그리고 다음 세대의 성장을 도와줄 수 있는 능력까지 포함합니다. 하나를 이루어야 그 다음을 이룰 수 있고요. 이러한 성취의 근본은 사회적인 일입니다. 즉, 중요한 관계의 긍정적 영향과 의미는 떨어져 생각할 수 없습니다.

이 여정은 관계, 책임, 헌신, 갈등 등 우선 순위를 정하면서 복잡해집니다. 가정 환경이 좋지 않은 경우라면 해결하기 더욱 어려워지고요. 우리의 몸과 마음, 의지에 대한 보살핌이 부족하면 여러 가지 생각들을 연결하고 처리하는 능력이 떨어집니다. 결국 무한하게 복잡한 사태를 맞닥뜨리게 됩니다.

여기서 우리는 중요한 고려 사항을 알 수 있습니다. 만약 가족 구성원 모두가 잘 살려면, 그들의 욕구가 충족되고 있는지 확인해봐야 한다는 겁니다. 무언가 부족한 게 있다면 성공이나 성취로 이어질 수 없고 이 때의 부족함은 단순히 물질적인 것에만 국한되지 않습니다. 지난 장에서 우리는 모든 위계의 욕구가 충족되어야 한다고 확인했습니다. 또한 매슬로우가 지적한 욕구들 이외에도 에릭슨은 다른 차원의 욕구를 제시했습니다. 이 모든 욕구들이 충족되었을 때야 비로소 우리는 강한, 생기와 탄력 있는 사람이 됩니다. 반복적으로 나타나는 다양한 욕구에 대한 인식, 관심 없이는 가족이 파멸의 위험을 안고 있는 것이나 마찬가지입니다. 이 욕구들은 앞서 언급한 대로 물질적 안전뿐 아니라 높은 위계의 욕구, 즉 깊고 의미 있는 관계·자존감·영적 가치·긍정적 성숙 등을 가리킵니다. 구성원들이 건강한 성숙을 향해 성장하지 못할 때에는 가족의 역기능, 이혼, 부모의 별거 등 많은 문제들이 일어납니다.

성장을 중심으로 두는 것은 우리가 많은 시간과 노력을 들여 가족 생활의 문제에 적응하고 해결하는 방법을 배우는데 도움이 됩니다. 우리가 중요한 생각과 행동을 제때 전달하고 추구하는 사람이 된다면, 파멸이나 역기능에 대한 위험을 줄일 수 있습니다. 우리가 눈에 보이지 않는 위기와 원하는 덕목을 인식하고 발전의 단계에 직면할 때, 진정으로 완전한 가족의 삶을 향해 긍정적으로 진보하게 됩니다.

4장: 미래

당신과 사랑하는 사람의 20년 후를 상상해보세요. 어떤 삶을 살고 있나요? 각자 어떤 사람이 되어있나요? 어떤 선택과 행동을 하고 있나요? 그리고 그 선택에 대한 결과는 또 어떤가요? 어떤 길을 가고 있길 바라나요? 어떤 사람이 되고 싶은지, 가장 중요한 것은 무엇인지에 대한 신념이 명확하지 않다면 당신은 아마 당신의 운명을 문제가 있는 기본 신념에 맡긴 것이나 마찬가지입니다. 삶을 지혜와 이해로 이끄는 것이 아니라 가족이나 사회적 압력 같은 타인의 의견, 외부 상황이 미래를 통제하게 될 것이고요.

그럼 삶의 비전은 무엇인가요? 무엇이 당신에게 가장 의미 있는 목표인가요? 당신의 일상 생활은 그 목표를 향해 나아가고 있나요? 미래를 생각한다면 가장 중요한 것은 당신과 소중한 사람들이 개인적으로, 또 관계 속에서 어떤 사람이 되느냐입니다. 이를 도울 수 있다면 당신은 인생에서 이룰 수 있는 가장 크고 만족스러운 성과를 내는 것입니다. 이러한 성숙은 건전한 정신 생활과 관계 속에서 지속적으로 배우고 성장하면서 일어납니다.

경제적인 성공이 우리의 원칙을 만든다면 가족을 위해 돈을 버는 것이 그들을 사랑하는 방법이 됩니다. 일과 집은 서로 분리가 되겠죠. 일에 너무 많이 투자해서 배우자나 아이들에게는 줄 에너지가 남아있지 않을지도 모릅니다. 집에 가도 일밖에 생각나지 않고, 항상 마감이나 경영 문제만 걱정할 겁니다. 이런 삶의 미래는 어떨까요? 우리가 과연 일과 집을 동등하게 대하고, 동료와 가족 둘 다 이롭게 할 수 있을까요? 성장을 중심으로 두면 이런 단기·장기적 목표를 통합하여 진정한 성공의 가능성이 높아집니다.

당신의 크고 위험하고 대담한 목표(Big, Hairy, Audacious Goals - BHAGs)는 무엇인가요? BHAG는 짐 콜린스와 제리 포라스가 그들의 책 성공하는 기업들의 *8가지 습관* 에서 제시한 개념입니다. 이 개념은 10-30년에 달하는 장기적인 목표를 말하는 것으로 진보적인 개인이나 기업의 변화를 수반합니다. 저자는 우리가 행동하는 방법과 타인 혹은 자신이 인식되는 방법을 전환합니다. 사업으로 치면 기업 전체를 바꿀 수 있는 문제죠. 콜린스와 포라스는 스스로의 한계를 넘어 끊임없이 노력하지 않고는 BHAG를 이루는 것이 불가능하다고 합니다. 마음 가짐의 완전한 변화, 열정적인 헌신과 대담한 자신감이 필요한 일입니다. 신념과 헌신의 가치가 동반되는 최고 수준의 목표를 인식하는 것, 그것이야말로 당신의 방향성과 목적지를 완전히 변화시킬 수 있습니다.

성장에 중심을 두는 것은 우리의 창조 목적을 변화시키고 경험할 수 있게 길을 닦아줍니다. 만약 우리가 중저 위계의 욕구를 제대로 충족시킨다면, 더 웅대한 뜻이 드러날 것입니다. 이는 스스로에 대한 이해와 세계의 요구에 대한 인식, 해결책을 마련하는 것입니다. 더 나아가 특히 우리의 가족에게 최대의 사랑과 기쁨을 가져다 주면서 그 요구에 부응하여 실천하는 것이 가능합니다. 거대하고 깊은, 의미 있는 계획과 업적들은 보통 우리의 삶에 이른 시기에 나타나지 않습니다. 물론 세상에는 천재도 있죠. 하지만 우리 대부분은 마음 속에 그려보고 실현하기 위해 더 노력해야 합니다. 가장 원대한 목표를 이루려면 평생에 걸친 인격과 능력의 상당한 발전과 그 계획이 필요합니다.

평생 가는 인간 관계의 성취는 인생의 필수 요소입니다. 알버트 아인슈타인은 과학 분야에서 큰 업적을 세웠지만 결혼 생활을 온전하게 유지하는 데는 많은 어려움을 겪고 실패했습니다. 그의 첫 번째 결혼은 16년간 지속되다 끝이 났고, 아내는 그 불화로 인해 끝내 감정적인 파국을 겪었습니다. 그는 결국 이혼 후 불륜관계였던 사촌과 결혼하게 되었습니다. 하지만 두 번째 결혼 후에도 끊임없이 다른 여자들을 만났습니다. 저는 이런 시련들이 그가 우주에 대해 발견한 대단한 업적과 잠재력의 발현이라는 가치를 떨어뜨렸다고 생각합니다. 성장에 중심을 둔다면 지혜가 우선 순위가 되어 결혼이나 사적인 관계 문제를 극복하고 장기적인 성공을 이룰 수 있었을 것입니다. 우리가 정서적 성숙·영적 자주성·관계의 건강이 중요하다고 깨닫는 순간, 삶의 지속 가능한 사랑이라는 "목표"를 이루는데 무수한 도전을 극복할 수 있기 때문입니다. 물론 배울 것도 노력할 것도 아주 많습니다. 예컨대 건강한 소통 방법, 평화로운 갈등의 해결, 희망을 주는 정신 건강을 위해 노력해야 할 것입니다. 3부, 성장 중심의 가족 육성에서 이에 대해 더 다뤄볼 예정입니다.

육아는 우리가 원하는 삶의 비전에서 큰 부분을 차지합니다. 모든 엄마와 아빠가 자신의 역할을 멋지게 해내고 싶어하죠. 아무도 나쁜 부모가 되고 싶어하진 않습니다. 하지만 아쉽게도 그들의 전략이 실패하는 경우는 흔합니다. 그리고 우리가 맞닥뜨리는 문제의 대부분은 효과적이지 못한 육아 방식과 이념에서 출발합니다. 성공적으로 아이를 키우려면 부모의 관계가 강인해야 합니다. 많은 부모들은 건강한 관계에 대한 연습을 소홀히 하곤 하는데, 그들 스스로의 관계에 신뢰와 사랑이 없으면 이를 대체하는 낮은 위계의 가치에만 의지하게 됩니다.

우리는 왜 이런 실수를 저지를까요? 성장이 아닌 중심들은 배움과 긍정적인 변화를 억제합니다. 중심들은 보통 무의식 중에 작동합니다. 우리가 스스로의 내면을 조사하고 평가하지 않으면, 육아는 해방적인 요소가 부족하게 됩니다. 혹은 이미 그렇게 아이들을 억제하고 구시대적 가치와 규율로 키우고 있는지도 모릅니다. 건강하지 않은 기대나 통제하는 듯한 습관을 지니고서 엄마 아빠로서 성공하는 것은 어렵습니다. 아니, 불가능합니다. 이는 자율성과 결단력을 키우는 건강한 성장이 부족함을 의미하기 때문입니다. 이런 악순환의 고리가 끊어지지 않으면 결국 스트레스나 긴장 상태에만 맹목적으로 반응하고, 심한 경우 폭발해버려 해결도 불가능합니다. 시간이 지나면, 우리 가족의 건강과 활력도 사라지겠죠.

행복하고 번영하는 가족을 꿈꾼다면, 자신부터 성장해야 합니다. 시간이 지날수록 반복되는 행동은 좋든 나쁘든 복합적인 효과를 가집니다. 만성적인 부정적 발전, 특히 불신의 행동, 무례함, 역기능 등을 조심하세요. 이것은 리더십의 기르기 위한 욕구를 의미합니다. 하지만 오히려 이에 앞서 정직·용기·연민이 필요합니다. 스스로와 타인 모두에게 말이죠. 이러한 가치들은 스스로에 대한 긍정적이고 겸손한 지식을 키워 효과적인 자기 지시를 가능하게 합니다. 이 진실함이 가족 문제에 효과적인 해결 방법을 추구하는 기반이 되고요. 그 해결법은 각 가족 구성원들이 잘 성장할 수 있는 자유와 힘을 주게 됩니다. 자신에 대한 이해는 길을 비추는 불빛과 같습니다. 낮에는 이런 불빛이 없어도 잘 지낼 수 있지만, 밤이 되면 앞을 보고 방향을 정하기 어려워지는 이치인 것처럼요.

비전 없는 목표는 가족들에게 오히려 해롭습니다. 가장 긍정적이고 중요한 삶의 목표는 자유라는 가치의 고취입니다. 자유는 성장의 주목적입니다. 가난이든 관계의 파국이든, 혹은 질병이든 우리의 삶을 약하게 하는 모든 만성적인 문제로부터의 자유. 만성적인 스트레스, 위축된 환경, 노화의 부정적인 영향, 트라우마로 인한 심신 쇠약, 가족의 안녕을 위한 여러 문제에 대항하여 싸울 때, 성장을 중심으로 하여 자유의 투사가 되는 겁니다.

중요한 가치의 성장은 우리에게 가장 큰 영감과 힘을 주어 스스로에게 소중한 BHAG를 이루게 합니다. 또한 우리는 깊은 이해력과 넓은 시야를 가진 개방적인 사람이 될 수 있습니다. 나아가 더욱 원대한 비전을 위해 목표를 승격시킬 수도 있습니다. 이는 진정한 나를 실현하는 성스러운 일이기도 합니다. 바로 사랑하는 사람과 새로운 세대를 낳고 길러 더 나은 사회를 만들고 변화시키는데 기여하는 것이죠. 우리가 성장을 멈추는 순간, 진정한 삶의 길에서 벗어나고 주님의 부활을 부분적으로 놓치게 됩니다. 성장하고 있는 가족이나 집단을 한 번 들여다보세요. 거기에는 이끄는 사람이든 따르는 사람이든 장기적인 성숙을 위한 원칙이 있을 겁니다. 우리의 가족이 그렇게 발전하고 변화하면, 타인도 영감을 받아 우리가 이끄는 방향으로 따르며 함께 하고자 할 것입니다.

더 큰 비전과 크고 위험하고 대담한 목표는 언제나 규모가 커지기 마련입니다. 이 때 성장 중심은 규모 확장의 전제 조건을 우선시하고 연결을 최적화합니다. 나무의 뿌리라는 중심은 표면을 최대화해서 땅과의 연대를 강화하고 삶을 유지합니다. 성장을 중심으로 하면, 배움과 변화를 가능케 하는 공간·시간을 최대화하는 환경을 만듭니다. 가장 좋은 예로 휴식 시간을 규칙적으로 가지는 것을 들 수 있습니다. 우리는 몸과 마음의 한계를 인식해야 합니다. 평화를 내어주고 쉼 없이 달려가지 않는 것. 우리를 피곤하고 절벽으로 내모는 듯한 기본 가치들에 대항하여 노력하는 것. 즉, 서로를 연결하고 즐기는 시간을 우선 순위로 두는 것. 이 모든 것은 신뢰를 키우고 원하는 비전을 향한 탄도를 더 강하게 만들어줍니다. 그렇게 우리는 일과 삶을 조직하는 핵심 가치를 더 잘 관리할 수 있을 것입니다.

이러한 성장 없이 우리는 더 큰 생산성·혁신·지속 가능성, 즉 규모 확장을 위한 건강한 목표를 놓칠 수 있습니다. 휴식과 효율성, 진정한 사랑, 신뢰, 용기, 자기와 타인에 대한 믿음, 이 모든 것의 균형을 유지하는 환경이야말로 자유와 생산성, 헌신, 혁신을 창조하게 합니다. 그리고 지속이 가능합니다. 아이들은 스스로의 자율성과 결단력을 기를 수 있는 그런 중심이 필요합니다. 그것이 아이에서 성인으로 커가는 청소년기에 적절하게 변화해야 하는 과정입니다. 이런 환경은 커플 사이의 친밀도도 키웁니다. 그렇게 우리는 사회에 긍정적인 영향을 주게 되고 삶의 이야기에 대한 통일된 통찰력을 깊게 만들게 됩니다. 물론 모든 고통과 기쁨, 실패와 성공, 사랑과 두려움, 깨짐과 완전함과 함께 말이죠.

성장이 아닌 중심들은 우리를 과거에 잡아 둘뿐 그로부터 배움을 얻거나 잘못을 고치지는 못합니다. 우리는 현재 가진 정보와 변화, 혁명에 갇혀만 있고 그를 이용하여 의미 있고 중요한 생각을 하거나 행동에 옮기지는 못합니다. 특히 더 큰 성공과 성취를 향해 스스로와 타인을 해방시키고 자율권을 주지 못합니다.

우리의 미래는 현실을 받아들이고 내적으로 반응하여, 결심한대로 행동하는 방식에 달려있습니다. 최고의 미래란 우리가 목적을 달성하고 자유와 구원에 대한 주님의 계획을 실현하는 일부가 되는 것입니다. 이 이야기에서 우리의 세계관은 중요한 부분입니다. 우주의 복잡함과 인생·고통·사랑의 심오함뿐 아니라 그 원대함까지 이해하는 것이죠. 이 과정에서 성장을 멈추거나 지혜를 모으지 않는 것은 바보 같고 스스로에게 해롭기까지 합니다. 인간의 역사는 낮은 위계의 욕구만을 중심으로 하고 전진하지 못하는 사람들의 실패와 파멸로 혼란스럽습니다. 무엇이 인간을 믿음과 사랑, 자유의 길로 나아가지 못하게 막았을까요? 저는 그것이 성장을 저해하는 공포와 불안감, 이로 빚어진 세계관이라고 봅니다. 타인과의 연대에 실패한 영혼들은 관계를 파괴하고 분리하는 환경에 갇히게 됩니다. 결국 스트레스와 고통의 감정에만 이끌려 건강하지 않은 삶을 살아가고요. 관계와 감정은 추운 날의 손과 장갑처럼 함께 가야 합니다. 3부에서는 이 두 가지 요소의 관계 구축과 성장, 변화와 발전에 대한 개방성을 추구하는 방법을 다뤄보겠습니다.

5장: 도전

BHAG와 비전을 가지는 것은 좋은 일입니다. 하지만 그 과정에서 고된 상황도 분명 있을 겁니다. 수많은 도전들, 당신을 쓰러뜨리는 수많은 시련들, 또 실제로 이에 무너질 수도 있습니다. 그런 의미에서 성공은 심오한 지혜와 엄청난 투지가 필요합니다. 그렇다면 왜 성장을 중심으로 해야 할까요? 지식과 이해, 마음 가짐, 힘, 전략, 수행, 평가를 반복하면서 우리는 우리가 창조된 목적인 크고 위험하고 대담한 목표들을 이룰 수 있기 때문입니다.

이 장에서는 한결같이 행복하고 건강하며 번영하는 가족을 갖기 위한 가장 중요한 도전 과제 4가지를 알아보고자 합니다:

결혼, 가정 환경을 만드는 두 사람의 결합

육아, 아이들의 발전을 위한 기반

건강, 각 가족 구성원의 발전 단계와 지속적인 안녕에 기본적인 기여 요소

사회 역기능적 요소와 그 내적, 외적 영향

이 4가지 도전 과제를 해결하려면 자아와 행동에 엄청난 성장이 필요합니다. 이로써 우리는 삶과 소중한 사람들, 심지어 삶이란 무엇인가에 대해서까지 모두 재정의하게 될 것입니다.

결혼

결혼이란 멋지고 변화가 가득한 일이면서 동시에 끔찍할 정도로 힘든 일일 수 있습니다. 자, 여기 결혼이 힘들어지는 이유를 들어보죠:

의사소통의 실패. 예: 남 탓하기, 비난하기, 의사 표현 방해, 공격적 태도, 완전히 무시하기. 이 모든 것들은 마음에서 우러나오는 대화, 의미가 분명한 대화가 부족해서 일어나는 일입니다.

갈등은 미끄러운 비탈길 같습니다. 우리가 서로 반대편에 있으면 위에서 아래로 미끄러져 회피와 공격으로만 살기 쉽죠. 모든 것을 멈춰 버리거나 공격하는 상태가 되는 것입니다. 어떤 길이든 보통 두려움이 건강하게 관리되지 못해서 일어나게 됩니다. 이는 신뢰와 정직함을 무너지게 하고 사랑하는 사람과 쌓아온 친밀함도 약화시킵니다. 결혼은 친밀한 관계를 보호하는 내적 관계로 튼튼하게 지탱해야 합니다. 장기적인 성장이야말로 우리의 결혼을 지속하게 하는 힘입니다. 다만 결혼 생활의 문제는 아래의 요인으로 일어나곤 합니다:

감정적 미성숙, 떠오르는 감정에 대한 지속적인 무시.

지속되는 스트레스, 일과 여가, 사랑하는 사람들과 보내는 시간의 불균형.

앞선 두 가지 요인으로 인한 육체적 친밀감(성관계)의 부재.

앞선 세 가지 요인으로 인한 분노.

이 4가지의 요인을 고려한다면 우리는 더욱 더 성장을 중심으로 두어야 합니다. 이에 대한 자각이나 그 문제 해결 의지 없이 결혼을 하면, 관계는 아주 빠르고, 혹독하게 파괴될 것입니다.

혹은 이미 이런 시련을 겪고 있을 수도 있죠. 그렇다면 당신의 마음 가짐과 도구를 다시 점검해볼 필요가 있습니다. 지금 스스로가 보기에 가벼운 스파링 한 판을 하는 것인지, 프로 MMA 경기를 하는지 구분이 되나요? 혹시 총싸움에 칼을 들고 있진 않나요? 보드 게임을 하고 있나요 아니면 당신의 인생을 건 싸움을 하고 있나요?

결혼은 공원에서 한가로이 하는 산책이 아닙니다. 오히려 고된 마라톤에 가깝습니다. 당신의 통제가 아니라 용기에 관한 일이고요. 또 당신이 줄 수 있는 것과 즐겁게 할 수 일이 아니라, 인내심 있게 "내 사랑은 진심이다"라는 것을 증명하는 일입니다. 결혼은 신뢰와 관계에 해로운 요소를 어떻게 해서든 제거하려는 노력입니다. 사랑하는 사람에 대한 헌신이기도 하고요.

결혼 생활 중 맞닥뜨리는 문제에서 어떻게 살아남으시겠습니까? 지혜와 투지를 기르세요. 또 성장 중심의 가족을 발전시키라고 저는 감히 말하겠습니다.

육아

건강하지 않은 중심과 실패한 전략으로 아이들을 기를 때 가족으로서의 여정 속 또 하나의 시련이 찾아옵니다. 이런 시련은 수많은 요소들로 구성되어 있습니다: 건강하지 않은 기대, 통제하려는 습관, 비효율적이고 무례한 태도, 부적절한 갈등 해결 방법, 일과 외의 지나친 스케줄, 분명하고 의미 있는 대화의 부족. 나열하자면 끝도 없을 정도로 많고 이들은 빙산의 일각입니다.

기대

우리는 어린 시절부터 수많은 기대를 안고 살아갑니다. 그렇기 때문에 스스로 삶의 의미들을 따지고 평가하고 다시 맞추는 과정을 거치지 않으면, 그 기대가 그대로 자신과 아이들에게 지나치게 전가됩니다. 이러한 기대치는 중요한 것에 대한 판단력을 흐리게 하고 행복하지 않은 삶의 환경을 만듭니다. 마치 춥고 구름 낀 날씨에는 햇빛이 들지 않아 따뜻해지지 않는 것처럼요.

통제에의 중독

통제하려는 습관에 중독되면 BHAG의 달성과 비전에는 진전이 없습니다. 사람은 어려서부터 성인까지 각 나이에 맞는 발전의 공간과 자유가 필요하니다. 그 과정에서 변화는 필요하지만 걱정이나 성과 위주의 통제는 불필요합니다. 세세한 것까지 관리하고자 하는 충동에 사로잡혀 있다면 그건 욕구를 확인하지 않았거나, 변화와 성장을 위한 에너지가 고갈된 경우입니다. 우리의 세계관은 아마 제한적이고 구시대의 산물일 것이고요. 또 가족 구성원들의 삶에는 관심조차 없을 겁니다. 우리는 스스로의 발전과 성숙이 부족하다는 생각에 가족들에게 가장 중요한 것이 무엇인지는 잊어버렸을 겁니다.

무례함에 대응하기

내적인 삶의 발전이 부족하면 보통 무례한 자세나 행동을 경험할 때 어려움을 겪습니다. 그 균열은 훈련, 인내, 반성, 면밀한 조사, 대화 없이 나타나기 때문에 우리는 건강한 해결 방법을 고려하지도 않고 무분별하게 반응하게 됩니다. 침묵이나 폭력을 가하기도 하고요. 둘 중 어떤 방식도 효과적인 육아 방식은 아니며, 아이들을 똑똑하고 사랑스럽고 용기 있는 사람으로 기를 수도 없습니다. 이는 오히려 갈등을 악화시키거나 도피하려는 반응만 얻게 될 수 있습니다. 즉, 원치 않는 반응과 인식만 영구화하게 남습니다.

부적절한 갈등 해결 방법

이 요소는 우리가 제대로 해결하지 않으면 결혼 생활에서 언젠가 뒤통수를 치는 문제입니다. 갈등은 우리의 아이들과도 일어나게 됩니다. 갈등 관리와 해결은 삶에 필수적인 지혜입니다.

아이들이 우리가 정해놓은 한계에 항상 따라가지는 않습니다. 우리도 아이들의 모든 요구에 다 맞춰줄 수는 없는 일이고요. 그래서 바로 갈등이 생기는 것입니다! 이 때 실수와 반응을 반복하면서 포기해야 할까요? 아니면 진정한 해결을 위해 서로를 배려하고 도움으로써 더 큰 신뢰와 정직, 헌신을 발전시켜야 할까요?

우리가 계속 침묵을 유지하면 서로에게 덜 정직해집니다. 이는 상대방이 명료하지 않고, 도전 정신도 없이 생각하고 행동하는 데 일종의 허용을 한다는 뜻입니다. 우리가 분노로 폭발해서 비난하는 사람이 되면, 정직함과 신뢰는 무너지고 하찮은 문제도 무의식중의 생각에 따라 행동하게 됩니다. 갈등-도피의 과정에 사로잡히면 아무도 얻는 것이 없습니다. 욕구는 충족되지 않고, 심리·사회적 단계도 방향을 찾지 못하며, 리더십도 기를 수 없습니다.

지나친 일정

가정 내 건강과 행복에 도전하기 위해 우리는 아이들과 스스로에게 지나치게 스케줄을 짜기도 합니다. 결국 PDF[3](play-놀이, down-내려 놓기, family time-가족 시간)를 위한 시간이 부족하게 되죠. PDF는 놀이와 휴식, 유대를 위한 비구조적인 시간입니다. 상상력을 키우고 반성하며 스트레스성 호르몬도 줄이는 시간으로, 부모-자식과 형제자매간의 유대감을 강화하는 중요한 시간입니다. 특히 청소년기, 즉 아이들이 성인으로 자라는 과정에서 중요합니다. 마치 애벌레가 아름다운 나비가 되기 전에 고치로 변태하는 과정이랄까요.

---

[3] http://www.challengesuccess.org/parents/parenting-guidelines/

스탠포드대학 교육대의 슬로건은 "성공에 도전하라"입니다. 대학에서는 학부모와 학교가 성공을 위한 교체 양식과 방법을 찾을 수 있도록 조사를 해왔습니다. 지난 몇 세기 동안 그들은 지나친 스케줄의 해로움을 지적하고 PDF의 필요성을 주장해왔습니다. 하지만 약간 용인하는 정도에서 그치지 않고, 크게 확보하는 것이 중요하다고 합니다. 또한 연구진들은 이것이 학업 관련 성공뿐 아니라 일과 가정에서도 지속 가능한, 진정한 성공을 이루는 비결임을 제시했습니다.

지나친 일정은 청소년들에게서 변화와 개성 형성의 시간과 에너지를 고갈시킵니다. 사실 많은 어른들도 미성숙한 자세로 생각하고 행동하는데, 이들은 자아의 깊은 성찰도 없고 타인과의 상호 인식 역시 불가능한 사람입니다. 물론 직장도 구하고 쳇바퀴 같은 삶이야 살아갈 수 있겠지만, 소중한 사람들과의 활력 있는 관계는 가지지 못합니다. 그러다가 나중에는 인생의 진정한 의미를 만들지 못했다는 사실을 스스로 깨닫고 번영하는 삶에 실패하게 됩니다. 과거를 흘려 보내고 새롭게 자신만의 개성을 추구했다면 이 모든 것이 가능했을 일인데 말이죠.

이러한 문제의 원인은 무엇일까요? 뒤쳐지거나 놓치는 것에 대한 두려움일까요? 아니면 부정적인 경험과 감정에 의한 결핍의 자세에서 오는 것일까요? 우리가 스스로에게 시간이 없다거나 비꼬는 자세로 문제를 만드는 자세 말이죠. 어쨌거나 이는 사랑하는 사람을 계속 건강하지 않은 상태에서 대하게 됩니다. 이런 역기능에 아이들이 사로잡히면 건강한 독립도 당연히 어려워지고 포기할 수 밖에 없습니다.

일정을 짤 때는 적을수록 좋습니다. 속도를 천천히 유지해야 우리의 삶 속에 의미는 담고 스트레스 호르몬은 줄이며, 건강한 성숙을 위한 공간과 시간을 마련할 수 있습니다. 이러한 과정이 있어야만 건강한 독립도 가능합니다. 이에 익숙하지 않다면 당연히 처음에는 어색할 수 있습니다. 하지만 어렵고 눈에 띄지 않는 문제를 해결하기 위해서라면 가치 있는 일일 겁니다. 특히 우리가 피하거나 보지 않으려 하는 깊은 문제들이 이 과정에서 점차 해결이 될 거고요. 더 멀리, 더 강하게, 더 길게 가기 위해 속도를 줄이세요. 그래야 모두 이롭고 가장 중요한 장기 목표를 발견하여 달성할 수 있습니다. 우리가 스케줄이 항상 꽉 차 있고, 지나치게 스트레스를 받으며 생산성만 중시하면 이런 성장은 절대 있을 수 없습니다.

분명하고 의미 있는 대화

여러 문제들의 뿌리는 바로 분명하고 의미 있는 대화의 결핍입니다. 이런 대화 없이 서로를 이해하며 태도와 행동의 긍정적인 변화를 도모할 수는 없습니다. 원대한 BHAG를 성취하는 미래로 나아가 역동적이고 번영하는 가족을 원한다면, 반드시 이런 대화를 해야 합니다. 또 점점 더 잘 해야 하고요. 우리가 스스로의 최대치를 발휘하려면, 소중한 사람들과 함께 사랑과 자유를 건강하게 표현하고 소통해야 합니다.

이런 대화가 부족하면 우리는 각자의 예상이나 추측, 보고 듣는 것으로만 모든 일을 해석하게 됩니다. 이런 생각이 갈등 중에도 용기와 동정심을 불러일으킬 수 있을 정도로 성숙한가요? 또 사랑하는 사람과 의미 있게, 건설적으로 연결할만한 용기를 북돋나요?

우리의 내적 능력과 매커니즘을 평가하고 발전을 위해 아직 노력하지 않았다면, 기본적으로 회피를 하거나 공격적으로 반응하게 됩니다. 가진 것은 없는데 리스크만 크기 때문이죠. 하지만 그럴수록 잘못된 방식에 오히려 맹목적으로 의존하게 됩니다. 건강한 상태를 유지하지 않으면 관계란 엉망이 되어 무너집니다.

우리가 근본적인 신념과 가치, 과정들을 함양하기 위해 필요한 일들을 한다면, 스스로에게 하는 이야기를 완전히 제어할 수 있습니다. 즉, 갈등 중에도 피하지 않고 듣고, 참여하고, 공유함으로써 개방적으로 격려할 수 있죠. 이런 행동들에 힘을 싣는 것은 긍정적인 감정을 불러 일으키고 상대방과의 연대도 지속적으로 강화합니다. 동시에 서로의 관점에 대해 이해할 수 있고요.

상호간의 깊은 이해를 얻는 것은 건강한 리더십의 중요한 요소이며 육아와 결혼에도 필수적입니다. 어려운 대화는 중요한 것에 대한 깊은 다짐에서 오는 것으로 타인의 생각과 감정을 존중하는 능력을 키웁니다. 누구도 무시당하거나 단절되거나 지배당해서는 안됩니다. 서로 정직하고 이야기를 공유할 줄 알아야 하고요. 이러한 대화는 우리가 서로에게 집중함으로써 성장을 요구하는 동시에 성장을 이끌어내기도 할 것입니다.

내적인 삶의 명료함을 기르는 방법과 의미 있는 대화 능력을 기르는 끈기는 3부에서 더 이야기해봅시다.

건강

우리의 비전과 목표에 대한 또 하나 흔한 장애물은 건강의 결핍입니다. 물론 인생에 아픈 날도 있기 마련이고 모든 부상이나 사고를 피할 수는 없습니다. 하지만 진정한 웰빙을 추구하지 않으면서 질병에 대한 저항력과 회복력만 키우면 작은 사고나 손해를 오히려 더 빈번하게 경험합니다. 이런 불행들은 우리의 목표와 원하는 삶으로 나아가기 위한 시간, 에너지를 소비합니다. 즉, 우리는 건전한 전략으로 노화를 효과적으로 관리할 필요가 있습니다. 아이들이 청소년일 때 우리는 어떤 부모가 되어 있을까요? 아이들이 성인이 되었을 때는요? 또 더 자라 그들이 부모가 되고 우리가 조부모가 되었을 때는요?

자, 먼저 스트레스를 생각해봅시다. 어느 정도 스트레스는 물론 유용합니다. 경쟁력을 길러주고 강하게 만들어주죠. 하지만 몸과 마음이 상당한 스트레스에 만성적으로 노출되면 우리의 수명은 줄어들 수 있습니다. Helpguide.org의 한 글에서 시걸(Segal), 스미스(Smith), 시갈(Segal), 로빈슨(Robinson)은 이렇게 적고 있습니다: "...어느 정도를 넘어서면 스트레스는 도움이 되지 않고 건강·기분·생산성·관계·삶의 질에 치명적인 손상을 가져오게 됩니다... 만성적 스트레스는 우리 몸 대부분의 시스템에 지장을 줍니다. 면역 기능을 멈추게 하기도 하고 소화나 생식 기능에 문제를 일으키기도 합니다. 또 혈압을 오르게 해 심장 마비나 뇌졸중의 위험을 높이기도 합니다. 노화의 단계를 촉진시켜 다양한 정신적·육체적 문제에 취약한 상태가 되는 것이죠."4

스트레스가 만연한 라이프스타일은 극단적인 활력이나 무기력함을 가져오는 경향이 있습니다. 이는 우리가 준비가 안 된 상태에서 노화·사고·트라우마·손실·질병을 맞이하는 것입니다. 그래서 전반적인 건강 상태를 유지함으로써 삶의 활력, 균형을 맞추는 것이 아주 중요합니다. 그래야 우리가 사랑하는 사람 곁을 지키고 세상에 중대한 기여를 할 수 있기 때문이죠. 또한 노후에도 자유롭고 즐겁게 살아가면서 우리의 잠재력을 최대로 발현할 수 있습니다.

성장을 중심으로 하면 나이가 들수록 더 나은 건강을 위해 변화와 기회를 도모할 수 있습니다. 예컨대 저희 어머니를 보면 20년 전보다 지금 79세에 더 강한 모습을 유지하고 계십니다. 지난 25년간 저희 어머니는 채식을 하시면서 테니스를 거의 매일 연습하셨고, 그 와중에도 일주일에 3-4번은 꼭 헬스장에서 운동을 하셨습니다. 저희 가족들은 그런 어머니와 매주 만나 즐겁게 좋은 시간을 보내고 전혀 걱정하지 않습니다. 오히려 어머니의 활기찬 기운에 항상 놀라곤 하죠.

---

4 https://www.helpguide.org/articles/stress/stress-symptoms-causes-and-effects.htm, 장 시걸(Jeanne Segal) 박사, 멜린다 스미스(Melinda Smith) 문학 석사, 로버스 시갈(Robert Segal) 문학 석사, 로렌스 로빈슨(Lawrence Robinson).

사회 역기능적 요소

마지막으로 다룰 문제는 아주 큽니다. 사실 거시적인 맥락을 고려하면 모든 문제가 무엇이든 복잡하고 당혹스럽습니다. 톰 빌류와 사이먼 사이넥[5]의 *Inside Quest*에서는 직업적 보람 및 만족, 관계 형성에 있어서 millennial층 (1984년 이후 출생한 세대)에게 어려운 문화적 요인 4가지를 지적합니다. 저는 이 통찰력이 더 나은 육아 전략과 능력을 기르는데 도움이 될 것 같아 여기에 적어봅니다:

자존감을 낮추는 실패한 육아 전략

실제 성과를 내지 않았는데도 의미 없는 칭찬의 반복

의미 있는 도전의 결핍

과잉 보호의 거품; 방조, 결과를 인정하는 권리.

가족의 역학 관계 밖에서는 사회 전체의 트렌드가 우리에게 영향을 끼칩니다:

기술이 이 세대에게 여과 장치를 주어 만든 감정적인 미성숙. 이는 타인에게 그들의 삶이 훌륭하다는 인상만을 줍니다("좋아요"로 낮은 자존감을 키우는 방식).

기술 발전의 또 다른 부작용인 성급함. 기술을 통한 즉각적인 만족감 역시 이 세대의 큰 문제입니다.

---

[5] Inside Quest의 2016년 12월 28일 에피소드 **https://www.youtube.com/watch?v=5MC2X-LRbkE**

개인적 발전이 아닌 생산성과 성과를 최우선으로 하는 기업 환경, 허세 강조. 기업의 업무 현장과 환경은 건강한 관계와 장기적인 성공을 만드는 가치가 부족할 때 모두가 고통 받습니다.

종합적으로 봤을 때, 이 현상은 지속 가능한 리더십과 개성의 발전 부재로 요약할 수 있겠습니다. 여기서 개성은 이런 역기능적 문화를 극복하고 새로운, 조정 가능한, 더 나아가 혁명적인 방식으로 번영하는 것입니다. 대부분의 역기능은 성장 대신 다른 것을 중심으로 하고 그에 순응한 결과입니다. 두려움에 기반한 중심은 끊임 없는 스트레스를 일으키는 원인이 됩니다. 또한 세계에 대한 무지한 해석으로 구시대의 규율이나 제한적인 신념이라는 더 깊은 문제도 발생합니다.

이런 문제들의 뿌리에는 인내에 대한 욕구가 있습니다. 균형을 찾고 신뢰를 쌓기 위해 속도를 줄여야 합니다. 균형과 신뢰는 직업에서의 성과, 자신감, 영향력의 핵심입니다. 이 모든 것은 물론 시간이 걸립니다. 하지만 그럴수록 조급해하면 충분한 시간을 갖지 못하고, 의미 있는 우선 순위를 찾지도 못할뿐더러 균형도 유지할 수가 없습니다. 결국 가장 소중한 사람에게 하는 약속과 헌신, 그 사람과의 진정한 유대를 위한 충분한 시간도 확보하지 못합니다. 항상 바쁘게만 살아가는 사람을 한 번 보세요. 파트너를 찾으려고, 부를 얻으려고, 기업에서 승진하려고, 자신의 능력을 보여주고 타인에게 증명해 보이려고 급급한 사람들. 이들의 가족 관계는 어떨까요? 당연히 실패하는 그림이 쉽게 그려지시죠?

인내심 없이 균형을 키우고 신뢰를 쌓으려 하면, 우리는 사일로나 성스러운 소에 의존하기 마련이고 지속 가능한 리더십의 부재로 불신의 행동과 패턴을 반복하게 될 것입니다. 아마 가장 눈에 띄는 실패는 명확하고 의미 있는 대화의 부족으로 옳고 그름을 구분하지 못하고 결국엔 그른 길을 선택하는 것입니다.

이 장에서 다뤘던 문제들은 심오하고, 기존과는 다른 생각과 행동 방식을 요구합니다. 우리는 다양한 인식으로 이 문제에 새롭게 접근해야 합니다. 안녕과 성공, 중대한 기여에 대한 장애물들은 우리가 성장이 아닌 다른 것들을 중심으로 둘 때 발생합니다. 이들은 우리를 저지하기 때문에 용기와 변화, 성장에 대한 개방성으로 대응하지 않으면 진정한 문제를 찾지 못할 것입니다. 또한 그 문제에 대한 해답과 이를 위한 마음 가짐을 갖기 위해 누가 우리를 도와줄 수 있는지도 깨닫지 못할 것입니다.

1부 요약

　우리의 문제들 대부분은 충족되지 못한 욕구에서 그 근원을 찾을 수 있습니다. 충족되지 못한 욕구(사랑, 소속감, 존중)는 신뢰와 소통을 무너뜨리는 행동을 만들기 때문에 우리는 결혼, 육아에서 고전합니다. 또한 건강 역시 생리적인 욕구가 충족되지 못해 유지할 수 없습니다. 이는 사랑·소속감·존중에 대한 미충족 욕구로 인해 우리 스스로와 영혼을 소홀히 여기게 되기 때문입니다. 이렇게 자멸적으로 순환이 반복됩니다.

　우리가 창조된 목적, 그 비전(친밀함, 생식성, 진실함을 갖춘 성인)을 잃어버리면 우리는 전 세대 가족으로부터 유지해온 구시대적 기대와 역기능적 사회 가치에 굴복하게 됩니다. 또한 일의 간단한 해결 방법만으로 우리를 정의하도록 내버려 둡니다. 은행원, 변호사, 의사, 엔지니어, 정치 지도자, 사업가 같이 우리의 경제를 이끄는 한 구성원이 될지언정 사랑하는 연인, 배우자, 부모, 소중한 사람들이 우리에게 바라는 섬기는 리더가 되는 것은 불가능합니다.

　더 나아가 우리 가족에서도 성장을 중심으로 해야, 개인과 사회에 맹목적으로 의존하지 않을 수 있습니다. 이는 결혼과 육아 전략의 실패, 건강의 포기, 역기능적 문화로 인해 우리가 살고 죽는 일입니다. 진정한 성공으로의 기회를 주고 받는 것에 무력한 사람이 되는 일이기도 합니다. 물론 최고 상태의 자아, 사랑하는 영혼이 되는 것 역시 불가능해지겠죠.

하지만 성장을 지지하는 요소들을 관리하면 어떻게 될까요? 모든 위계의 욕구를 충족시키고 심리·사회학적 발전을 위해 전진하고, 리더십을 키워서 내적 삶의 자각 능력을 관리한다면요? 변화가 일어납니다. 우리가 어떤 존재인지, 무슨 일을 하는지, 인생을 어떻게 살아가는지에 변화가 있을 것입니다. 그것도 깊은 변화로서, 주님이 구원하시는 업의 일부가 될 것입니다. 이것이야말로 인류 역사에 있어, 또 우리의 인생에 있어 가장 합리적입니다. 그렇게 우리가 성장을 위한 비전을 생각하고 행동할 때만이 이치에 맞는 사람이 될 수 있습니다. 그렇게 우리 모두를 통합하고 사랑과 구원의 해방적 역사를 창조해낼 수 있습니다.

2부: 성장 중심 가족이란?

들어가며: 전략

6장: 우주와 함께

7장: 힘을 실어주는 관계

8장: 감정의 풍부함

9장: 변화로 인한 해방

10장: 자유를 주는 관계

들어가며: 전략

1부에서 다뤘던 이유들을 생각해봤을 때, 성장을 중심으로 한 가족은 어떤 모습을 하고 있을까요? 2부에서는 이를 다뤄보고자 합니다. 욕구에 대한 큰 그림, 발전의 단계, 미래의 목표와 도전으로 제가 지금부터 공유하고자 하는 내용의 중요성과 근본적인 목적을 잘 이해할 수 있습니다. 성장을 중심으로 한 가족은 최대한 긍정적으로 관계를 만들고, 영혼을 충만하게 하며, 변화를 받아들이면서도 우주와 함께 합니다. 이것은 자유로운 리더를 만드는 방법이기도 합니다. 이를 육아 방식으로 삼으면 아이들과 역동적인 관계를 유지하는 능력을 키울 수 있습니다. 이 관계는 아이들의 다양한 욕구에 따라 적절하게 지지하고 도와주어야 하고요.

이것은 성공과 성취를 위한 장기적인 전략이기도 합니다: 자신과 타인의 욕구를 더 잘 실현할 수 있도록 노력하세요. 자신과 소중한 사람들이 각자 인생의 어느 단계에 있는지 잊지 마세요; 그래야 그들의 욕구를 중요도에 맞게 이해할 수 있습니다. 진실되고 동적이면서도 마음이 중심이 되는 그런 리더십을 비전으로 가지세요. 우리는 스스로에게 영감을 주고 창조의 목적을 달성할 수 있는 방향성과 목표가 필요합니다.

이러한 전략은 사랑과 자유에 대한 인지능력을 개발하는 환경을 만듭니다. 이 환경은 내적·외적 상황 모두를 포함하여 습관, 신념, 가치들을 기르는 데 도움이 됩니다. 그렇게 우리는 삶을 잘 가꿔 원하는 결실을 맺을 수 있을 겁니다. 이 모든 과정은 정원사의 삶에 비유할 수 있습니다. 사실 성경의 첫 부분을 참조하면 그 맥락을 파악할 수 있습니다:

"여호와 하나님이 그 사람을 이끌어 에덴 동산에 두어 그것을 경작하며 지키게 하시고" 창세기 2:15.

창조주가 인간을 만든 근본적인 목적은 인간이 모두를 위한 삶을 만들고 유지하게 하기 위함입니다. 그리고 이러한 환경에서 인간은 한 나무만 제외하고 모든 나무에 대한 접근을 허락 받습니다. 그 나무는 혼란의 근원이 되는 나무, 바로 선악과였죠.

"여호와 하나님이 그 사람에게 명하여 이르시되 동산 각종 나무의 열매는 네가 임의로 먹되 선악을 알게 하는 나무의 열매는 먹지 말라 네가 먹는 날에는 반드시 죽으리라 하시니라" 창세기 2:16, 17.

그리고 그 혼란은 인간에게 상해, 질병, 고통을 주는 악이 될 가능성을 지니고 있었습니다. 서사를 따라가다 보면(창세기 3), 우리는 불복종과 금지의 열매가 수치와 죽음이라는 것을 알게 됩니다. 남자와 여자는 신으로부터 숨어 수명이 있는 보통 사람이 되고 아들을 낳습니다. 그리고 그 아들은 훗날 그의 남동생을 죽이게 되죠.

어쨌든 앞선 안내와 경고를 따르자 인간에게 도와주는 사람, 바로 소울메이트가 나타납니다.

"여호와 하나님이 이르시되 사람이 혼자 사는 것이 좋지 아니하니 내가 그를 위하여 돕는 배필을 지으리라 하시니라" 창세기 2:18.

그렇게 삶을 형성하고 유지하는 일은 혼자만의 모험이 아닌 파트너와 함께 하는 여정이 됩니다. 이것이 바로 정해진 가족의 계획이며, 인간이 지속 가능한 삶을 살 수 있는 중요한 방법입니다. 남자와 여자가 하나가 되어 새로운 삶을 만들고 외부 세계로부터 서로를 보호하는 방법을 배우는 환경을 만드는 것이죠.

당신은 집에서 무엇을 만들어가고 있나요? 마음 속이나 관계에서는요? 무언가를 함양하고 구축한다는 것은 시간과 노력, 반복이 필요합니다. 가치는 식물처럼 땅에 심고 물도 주어야 합니다. 욕구에 의해서 심어진 것들은 좋은 흙 등 영양소가 필요합니다. 장소도 물론 중요합니다. 이 모든 것이 당연한 이치일 수 있지만, 씨앗을 심는 일은 성장과 삶의 생산에 대한 능력도 필요하다는 것을 의미합니다. 이를 위한 자질에는 어떤 것들이 있을까요?

신념, 믿음, 용기, 박애 등입니다. 그렇다면 이런 자질을 어떻게 기를 수 있을까요? 모두 무형의, 보이지 않는 것들이기 때문에 숨겨져 있는 것들에 대한 이해와 지식을 키워야 합니다. 우리의 마음과 가슴, 영혼 속에 있는 힘 말입니다. 이는 3부에서 더 자세히 탐구해보고, 우선 순위를 정해 성장에 어떻게 도움이 될 수 있는지 알아보겠습니다. 이로써 여러분들은 가족의 번영과 모든 분야의 장기적 안녕·성취·성공을 이루는 지혜를 가지게 될 것입니다.

정원사로서 이 임무를 실천하는 것은 스스로의 영혼과 소중한 관계에 대한 관심을 포함합니다. 11장에서는 내적인 삶을, 12장과 부록의 다양한 자료를 통해 명료한 의사소통의 방법과 도구를 알아보도록 하겠습니다. 이런 연습을 꾸준히 하면 여러분도 더 큰 기쁨과 힘, 진정한 사랑을 경험하실 수 있을 거라 믿습니다.

1부에서 다뤘던 여러 가지 "이유들"은 강한 리더십을 가진 부모의 역할을 이해하도록 도와줍니다. 성장 중심의 전략은 큰 그림에서 우선 순위를 다루는 것입니다. 이러한 계획을 따라야 진정한 사랑·자유·지혜를 함양할 수 있고, 사랑하는 사람들도 잘 이끌고 섬길 수 있습니다.

6장: 우주와 함께

성장 중심 가족은 우주에서 가장 중요한 불변의 법칙에 맞게 살아가는 사람들의 집단입니다.

세상의 질서와 다양한 분야의 지식 덕분에 우리는 이 법칙에 대해 더 많이 알게 되었습니다. 인간에게는 높은 수준의 이해와 응용을 위해 관리해야 하는 두 가지 거시적 범주가 있습니다: 시간과 삶이죠. 더 정확히 말하면 시간이 지남에 따라 삶이 어떻게 펼쳐지는지에 관한 것입니다. 우리가 삶과 그에 따른 스스로와 타인의 변화를 인지하고 다루는 방법에 따라 우리의 행동·조건·회복 능력·목표 등이 결정됩니다. 우리가 목표, 진화, 그 과정을 이해하는 방식에 따라 가족 삶의 질, 방향, 성공, 성취 등도 달라질 수 있습니다. 정해진 순서에 따라 가장 중요한 것을 중심으로 두고 따를 때, 활력과 품위를 가지고 자유롭게 감사한 마음으로 성장을 지속할 수 있습니다.

시간

저는 시간을 동적인 수라고 정의합니다. 항상 주위에 존재하지만 끊임 없이 움직이죠. 그 영향력은 시간이 지나가는 동안의 모든 요소와 힘을 포괄합니다. 그런 의미에서 변화도 동적인 수라고 할 수 있겠네요. 날씨를 생각해보면 이해가 쉽습니다. 날씨의 요소를 생각해보세요: 온도, 습도, 강수량, 바람, 자외선 등. 이 요소들은 24시간 내내 항상 영향을 주고 변화를 가져오고 모든 것을 분해하기도 합니다. 우리가 이런 모든 날씨 조건에 견딜 수 있는 집을 갖고 싶다면, 바람·비·햇빛·눈을 모두 이겨 내는 재료가 필요할 겁니다.

대기의 조건도 인간의 상호 작용과 유사합니다. 관계는 기후나 날씨 같은 것을 만들어내죠. 물리적인 날씨나 기후가 해당 지역에 있는 모든 것에 영향을 주는 것처럼, 우리의 관계도 그와 연결된 모든 사람들에게 영향을 끼칩니다. 그래서 관계에 따라 가족 생활이 꽤 복잡해질 수 있습니다. 상기에서 말한 집 짓는 예시처럼, 가족이 삶의 다양한 변화를 무사히 헤쳐 나가려면 우리는 이에 맞는 좋은 재료와 검증된 디자인이 필요합니다.

다음은 시간에 따른 변화나 영향에 대해 우리가 가족들의 초석을 다지는 우주의 3가지 요소입니다.

    소통의 복잡성
    노화
    살아 있다는 것

소통의 복잡성

사랑하는 사람과 사는 것은 멋진 일이지만 행복한 만큼 어렵기도 합니다. 파트너와 가까울수록 도전 과제가 늘어나고 관계는 복잡해집니다. 이러한 깊은 관계가 늘어날수록 그 정도는 더 심해지고요. 두 명만 있을 때는 소통의 수단이 2개고 복잡한 정도도 2단계입니다. 그나마도 얼마나 어려울 수 있는지 잘 아실 겁니다. 다른 누군가와 하나가 된다는 것은 마법처럼 신비스러운 일이지만, 이를 유지하고, 또 잘 유지하는 것은 매우 힘들죠. 왜 그럴까요? 자, 여기 소통의 구성 요소를 나열해봤습니다:

    경청하기
    정직함

존중하기

겸손함

자존감

신뢰

용서

상처

실패

감정 이입

감정

용기

스트레스

두려움

동정심

트라우마

상실

외로움

죄책감

여기에 더 무한히 추가할 수 있겠죠!

이 관계에 하나를 더해 셋이 되면, 가족은 50%가 자랐지만 소통의 수단은 6개로 늘어나 복잡도가 300%나 증가합니다. 네 번째 구성원이 추가되면 복잡도는 4배가 되어 소통 수단 역시 24개가 됩니다. 가족 규모는 33% 늘었는데, 복잡도는 400%나 증가한 셈이죠. 두 번째 아이를 갖는 순간, 가족의 복잡도가 기하급수적으로 늘어난 겁니다. 셋째 아이를 가지면 소통의 수단은 40가지로 계산됩니다.

이렇게 복잡해지는 관계, 잘 따라올 수 있으세요? 이를 잘못 조절하게 되면, 가정 생활은 긴장과 불화로 가득 찹니다. 소리 지르고 서로를 조종하려 하고, 통제 불가능한 파국에 불필요한 잔소리와 눈 돌리기, 비꼬기까지. 이 모든 것은 건강하고 효과적인 의사 소통이 부족하기 때문이며, 결국에는 관계 자체도 망쳐버릴 수 있습니다.

개인의 성장은 가족의 "진화와 혁명"에 효과적으로 대응하기 위해 필수적입니다. 우리는 자라면서 관계에 혁신을 일으킬 수 있는 능력도 생깁니다. 소통하고, 사랑하고, 관심 가지고, 섬기는 방법을 다양하게 활용하는 능력이죠..

노화

유아기부터 청소년까지의 발달은 많은 변화를 가져옵니다; 개성의 발현, 개인적 특성과 관심, 가정 및 학교에서의 갈등, 기쁨과 슬픔, 고통과 즐거움, 기분이 좋다가도 나쁘기도 하고, 위기, 축하, 신체적·정신적·감정적 변화로 인한 수많은 발달까지. 이런 과정은 성인이 되어서도 중장년이 되어서도 지속됩니다. 변화가 나타나는 방식은 다양하지만 그 변화 자체는 매우 다이나믹하고 어렵기까지 합니다.

하지만 그 중심에 성장을 두면, 시간과 복잡도, 변화의 역학을 조정할 수 있습니다. 그렇게 발달 단계와 각 고비를 효과적으로 넘기면서 우리는 배우게 됩니다. 삶의 각 단계에 대한 이해를 키워야 더 큰 행복·사랑·지혜·성취·헌신을 실천할 수 있다는 것을요.

우리가 정신·사회학적 발전의 측면에서 가족이 어느 단계, 방향에 있는지 잘 알고 있을 때, 실천 이념과 규율을 현명하게 선택하고 수용할 수 있습니다. 소중한 사람들을 도와 그들이 창조된 목적에 맞게 자아 실현을 도울 수도 있고요. 우리는 그들의 잠재력을 최대로 끌어 올려 가족이나 사회에서 요구하는 모습에만 집중하지 않게 합니다. 사실 스스로가 더 잘 안다고 주장하는 사람들은 오히려 과거로부터 얻은 구시대의 관념에 갇혀 자유 자체를 겪어보지 못한 사람입니다. 그런 경험을 했다면 "내가 더 잘 알아"라는 식의 태도 자체를 갖지 않았을 테니까요; 대신 배우고, 적응하며, 창조하고, 새로운 원칙을 유지하면서 개방적인 태도로 모두의 잠재력을 알아보아야 합니다. 두려움과 걱정을 떨쳐내고 열린 마음을 유지하면 가능합니다.

자, 한 사람의 성장기를 상상해봅시다. 유아 때부터 그는 거의 모든 일에 있어서 의존적입니다. 하지만 얼마 지나지 않아 그는 스스로 움직일 수 있게 되고 말도 할 줄 알게 됩니다. 걷기 시작하면서부터 초등학교에 들어가기 전까지, 습관이 관계를 형성하고 사고 방식을 만듭니다. 이미 정해진 환경이 청소년기의 변덕스러움을 받쳐줄 수 있을까요? 어떤 종류의 의사소통이 발달할까요? 회피? 공격성? 수동적인 공격성? 조종하려는 태도? 사일로식 접근법? 사실 이런 문제는 경험해도 괜찮고 피할 필요도 없습니다. 다만 우리는 이를 의미 있는 변화를 만들 수 있는 기회로 활용할 줄 알아야 합니다. 아이의 발달이 한창일 때 변화를 추구해야 합니다. 아이들의 능력, 역량을 이끌고 관리하는 새로운 방법이라 할 수 있겠죠. 어떤 부모들은 노력 끝에 성공적으로 이 과도기를 잘 보내지만, 또 다른 부모들은 전혀 해내지 못하는 경우도 있습니다.

걸음마를 뗀 유아기와 막 발달을 시작한 영아기의 아이를 같은 방식으로 대해서는 안 됩니다. 유치원이나 보모에게 우리가 청소년기의 아이들에게 줄 법한 선택권을 주어서도 안 됩니다. 많은 부모들이 나이대에 적합한 지원 구조와 훈육 방식을 제공하지 않습니다. 그래야 아이들이 좋은 선택을 내릴 수 있게 되는데도 말이죠. 이런 부모들은 단순히 언어를 사용해 상황을 진전시키려 합니다. 하지만 같은 결정을 반복적으로 하다 보면 아이들은 나쁜 결정에 둘러

싸여 무분별한 사람이 됩니다. 결국 스스로의 삶도 망치고 타인에게도 해가 될 수 있습니다.

진정으로 가르침을 주는 것은 결과입니다. 현실에서의 실수는 말뿐만 아니라 유형의 결과물로 나타납니다. 말만 하는 훈육에 아이들은 성과도 없는 틀린 선택만 계속 하게 되고 옳은 것을 배우지 못합니다. 부정적인 결과도 무수히 낳게 되죠. 낮은 자존감, 타인에 대한 존중 부족, 다른 수많은 역기능, 파괴적인 패턴 등은 말할 것도 없습니다. 하지만 결과를 통해서 진정한 배움을 얻으려면 건강한 관계가 받쳐주는 환경이 있어야만 합니다.

"관계가 없는 규율은 저항을 가져온다." 작가이자 연설가인 조쉬 맥도웰(Josh McDowell)은 이 원칙을 수십년간 전파해왔습니다. 부모의 훈육은 아이들의 성장과정에서 효과를 보기 더 힘들어지기 마련입니다. 아이들과의 관계에는 발전과 치유도 필요하기 때문입니다. 서로 유대하는 환경은 마음을 열어 지시, 교정을 수용하며 신뢰와 존중을 주거나 마음을 닫고 거부할 수 있으며, 이 두 가지가 뒤얽혀 나타나기도 합니다. (이는 다음 장에서 다룰 예정입니다.)

효용 없는 일을 어떤 부모들은 왜 계속 할까요? 그들은 우주의 역동적인 연속성이라는 시간과 함께 살아 가지 않습니다. 그들은 용기와 연민의 내적 기반으로 성숙하게 의사를 전달하지도 않습니다. 스스로의 생각과 감정을 솔직하고 정중하게 표현할 줄 모릅니다. 하지만 시간과 함께 이 과정도 거치면, 스스로를 이해하듯 타인을 공감하고 이해하는 능력을 기를 수 있을 것입니다.

시간에 맞추어 산다는 것은 스스로와 가족 구성원에 대한 심리·사회학적 발전 단계를 인식한다는 것을 의미합니다. 이는 중요도에 따라 우선 순위를 정함으로써 가능하고요. 지나치게 간단하게 혹은 복잡하게 만들 필요는 없습니다. 그저 우선 순위를 확인해야 할 뿐입니다. 이를 지속적으로 수행하는 것은 스스로나 사랑하는 사람을 힘들게 하고 지탱해주기도 할 것입니다. 그렇게 우리는 두려움, 걱정이 생기는 상황에 맞닥뜨렸을 때, 더 큰 소유권을 가지고 현명한 선택을 하게 됩니다. 유아기, 청소년기 등 발달의 각 단계에서 우리는 존재와 삶, 관계, 안녕에 대한 여러 문제와 실제적·잠재적 위협을 마주해야 합니다.

영아는 불신으로 항상 위험합니다. 유아는 부끄러움과 죄책감을 느끼고요. 학교를 다니면서 아이들은 열등감을 느낄 수 있습니다. 청소년기에는 자아와, 미래상에 대한 고민으로 혼란스러워 합니다. 성인이 되면 고립감과 외로움에 빠질 수 있습니다. 중년기에는 침체된 것 같은 느낌이 들고요. 노년기에는 절망을 느낍니다. 이러한 파멸의 가능성에 원칙 없이 삶을 맞추면 우리와 가족 구성원의 완전한 성숙은 타협의 대상이 되고 맙니다. 다음 단계로 넘어가지 못하고 갇혀서 감정적·상관관계적·정신적·신체적 파국을 경험하게 될 것입니다.

살아 있다는 것

성장 중심 가족은 살아 있고 끊임 없이 자라납니다. 이 성장은 진화와 확장의 복잡함에 도전하면서, 배우고 이끄는 능력에 뿌리를 둡니다. 바로 우리가 아이들에게 바라는 긍정적인 모든 것들의 근거라고 할 수 있죠. 사랑, 행복, 관심, 책임감, 보호. 이 모든 것은 중요하지만, 자율적인 인간으로서 사랑하고 창조하며 관심을 가지고 반응하는 리더와 보호자가 되지 않는다면 모두 걸림돌에 불과합니다.

더 깊고 진심 어린 유대를 이끌어 사회적 인물, 유산이 될 정도로 의미 있는 성공을 이뤄내는 것에는 무엇이 있을까요? 바로 삶입니다. 단순히 살아 있는 상태나 삶을 소유하는 것이 아니라, 존재하는 삶입니다!

그렇다면 과연 존재는 어떻게 증명할 수 있을까요? 바로 움직임입니다. "생물과 무생물은 생동감, 활력의 유무로 구분됩니다."[6] 우리는 매일 발전의 단계에 따라 움직입니다. 육체적·감정적으로, 직업과 관계에서, 전문적·영적으로 말이죠. 즉, 이것이 바로 성장입니다. 우리가 이렇게 움직이지 않는다면 우리는 침체되고 단순히 몸짓만을 풀어낼 뿐입니다. 좀비 같다고나 할까요?

3장에서 다룬 에릭슨의 심리·사회학적 발전단계를 기억해봅시다. 각 단계는 주요 도전 과제와 극복해야 할 위기를 포함하고 있습니다. 특정한 덕목도 기르게 되고요. 성공적으로 이를 이뤄내면 상위 단계로 넘어가고 더 성숙해집니다. 과거에 성공이란 대부분 아이들의 환경에 의존했었습니다. 신뢰의 기반은 4-5세의 유아기에 자율성과 자주성으로 발전됩니다. 이는 전적으로 부모의 손에 달려있죠. 아이들이 과연 집에서 안정감, 애정 및 안전을 경험할 수 있는지에 대한 문제입니다. 그리고 아이들이 학교에 가기 시작하면 부모와 떨어져 보내는 시간이 절대적으로 많아집니다. 그 과정에서 신뢰를 기반으로 독립적으로 행동하는 능력, 새로운 경험에 대한 개방된 마인드를 길러왔다면 배움과 응용의 고된 과정에 준비가 되어있겠죠. 그러면 7-10년간에 걸쳐 어른이 되는 과정에서 자아를 키우고 각자의 성격·능력·성향·강점·약점을 깨닫게 될 겁니다.

이 시기에서 바로 모든 것이 복잡해집니다. 사춘기, 청소년기는 총체적인 변태의 시기이며 수많은 변화를 경험합니다. 여기서 우리가 간과하기 쉬운 부분은 의미화 과정입니다. 감각적 데이터를 이해하는 방법, 바로 운영 체제처

---

[6] 신념의 생물학*(Biology of Belief)*, 브루스 립턴(Bruce Lipton), 2007, p.32.

럼 우리를 기저에서 작동하게 하는 관념을 만드는 일이죠. 사실 이러한 과정이 이 책의 요지라고 할 수 있습니다. 아이들의 성장을 효과적으로 도와주며, 더 나아가서는 해방시킬 줄 아는 부모가 되는 것. 아이들이 건강하고 자율적인 방식으로 살아가도록 감독자의 역할을 하는 것. 성장을 중심으로 하여 18세 이후의 아이들이 성인으로서 자아와 삶의 목적, 인격의 완성을 이루게 하는 것. 이 움직임이야말로 인간이 진정으로 살아있다는 중요한 지표입니다. 마음과 영혼이 발전하여 전체적으로 통합되어야 가능하고요.

그렇다면 우리가 이 단계를 따라 움직일 때 필요한 동력은 무엇일까요? 그것은 사랑입니다. 이는 자신만의 구시대적인 규칙과 신념으로 제한된 흔한 사랑을 의미하지 않습니다. 이제부터는 우리를 자유롭게, 끊임 없이 온전한 삶으로 움직이게 하는 역동적인 유대의 힘에 대해서 이야기해보겠습니다.

에릭슨에 따라 지지하는 믿음과 신뢰를 생각해보면, 우리의 삶은 그야말로 움직임으로 가득합니다. 우리는 신뢰가 생기면 자율적으로 자주성과 근면함을 연습하게 됩니다. 또한 자아를 발견하고 타인과의 친밀함을 쌓아 새로운 삶과 긍정적인 변화를 경험합니다. 이어서 삶의 목적과 경험을 연결하여 깊고 통일된 이야기를 만들어 가게 되죠. 이러한 성숙의 길에서는 신체적 건강, 지원을 아끼지 않는 관계, 건강한 존중이 주는 안전한 기반을 가지는 것이 중요합니다. 또 평생 학습자가 되어 마음이 가는대로 깊은 지식에 힘입어 지혜와 비전이 있는 리더로 변화하는 것도 중요합니다. 그렇게 해야만 우리는 미래 세대를 위한 존재와 행동의 높은 단계로 올라갈 수 있기 때문입니다.[7]

이러한 강력한 움직임은 깊은 개인적 변화를 포함합니다. 두려움에 기반한 선택이나 순응을 강요하는 사회적인 압박, 부모와의 역기능적 관계가 있는 것이 아니라면, 10대 및 20대 초반에 이 변화를 경험하게 됩니다. 성숙해진다

---

[7] https://www.valuescentre.com/mapping-values/barrett-model/stages-psychological-development

는 것은 단순히 신체적으로 성장하거나 지식이 많아지고 책임감이 늘어난다는 것만을 의미하진 않습니다. 아이로서의 존재와 행동의 해체, 재조직, 특히 의미화의 과정이 포함되어야 성숙해진다고 할 수 있습니다.

제 경험을 한 번 이야기 해볼까요. 저는 외동아들로 태어나 1971년 미국으로 이민을 오게 되었습니다. 부모님은 저희를 위해 새 삶을 만들어주시려고 힘들게 노력하셨지만 저는 성장 과정에서 수많은 시련을 겪었습니다. 그 첫 번째 경험은 제가 3살 때 아버지와 함께 미국으로 오고, 어머니께서 저희를 떠났던 일입니다. 저는 어머니 없이 2년을 보냈고 제 심리치료사는 그게 아마 제 자주성에 큰 영향을 끼쳤을 거라고 하더군요. 두 번째로 힘들었던 일은 공립학교에서 사립학교로 전학을 가면서 2학년을 넘기게 된 일이었습니다. 당시 왜 전학을 갔는지는 어머니도 기억을 못하시지만, 그 일 이후 3학년이 되자 제 성적은 곤두박칠 쳤고 제 자존심도 함께 떨어졌습니다. 주위 친구들은 저보다 크고 빠르고 똑똑하며 더 성숙했던 것 같습니다. 세 번째 시련은 5학년 때 아버지께서 감정상의 이유로, 호주로 가족 모두를 데려가려 하셨던 일이었습니다. 하지만 그 시도는 아버지 계획이 틀어지면서 6개월만에 실패했고 어머니께서도 이 때 힘들어 하셨던 게 기억 나네요. 저는 그렇게 1년 동안 두 번이나 이리저리 떠돌게 되었습니다.

저는 이런 경험들이 청소년 후반기와 20대 초반에 반항으로 분출되었다고 생각합니다. 그 과정에서 저는 부모님을 포함한 가까운 사람들과의 관계를 끊었고, 오토바이와 자동차 사고를 당하기까지 했습니다. 이 모든 일을 겪으면서도 저는 제 생각과 감정을 정리할 만한 대화의 시간을 갖지 못했습니다. 과거의 일을 되돌아보면 제가 성공하지 못한 이유도 이해가 될 법도 합니다. 저는 발달에 대한 욕구를 충족시키지 못했고 위기만 가능한 넘겨왔습니다. 그 과정에서 동기 부여도, 야망도 갖지 못했죠. 저는 그 어떤 평범한 목표도 추구할 만한 자신감이나 지식이 없었습니다. 아마 다른 사람들과 비교했을 때 스스로가 이길 수 있다는 믿음 없이 경쟁에 임했던 것의 영향이 클 겁니다.

이 모든 것들을 성찰해보면, 제게 불리했던 경험들이 다른 모든 사람들이 하는 평범한 것들을 거부하고 오히려 주님께로 이끌어 다른 토대, 다른 중심을 찾게 만들었던 것 같습니다. 20세가 되고 저는 가족, 친구, 심지어 교회의 목사님께서 하는 말씀보다도 주님과 성경이 제게 무엇을 하길 원하는지 찾아 나서기로 결심했습니다.

이 영적인 탐구의 일환으로 교회 여름 캠프 봉사라든지, 목사님 보조 업무라든지 정기 예배나 친목회 참가 같은 일들도 하게 되었습니다. 이 일들은 많은 도움이 되었지만, 제 중심의 성경을 처음부터 끝까지 성실히 읽으며 내적·대인 관계적 성향에 적용해보는 것에 그 핵심이 있다고 할 수 있습니다. 즉, 제가 읽은 것을 토대로 실재하는 신념이나 가치, 태도 및 행동에 적용해보았습니다. 또한 성경의 내용을 제 자신만의 방식으로 생각하고, 반대로도 행동해보고, 있는 그대로 받아들여보기도 했습니다. 결국 제 이념을 성장시켜 세계관으로 만들었고 그 기반이 사랑과 관계로 더욱 강해진다는 것을 깨달았습니다. 물론 이 모든 과정이 하루 아침에 일어난 것은 아니며 다양한 자각의 계기가 있었습니다. 하지만 대부분 신념의 수용 과정이었으며, 일과 가정의 관계 속에서 호된 시련을 겪어냄으로써 가능했습니다. 그리고 성경 내용의 모음, 제 생각, 제 삶과 철학, 제 이념은 주님의 묵시록으로 구현되어 있습니다. 그 주님은 바로 인간으로 변하시어 반문화로 조직된 원칙의 형체를 갖추신 분이셨죠. 구약 성서에서 종합된 주 그리스도의 전조와 묘사, 표현들과 신약 성서의 이야기와 사도 서간들은 저에게 주님과 저 자신, 인생을 이해하는 길을 만들었습니다. 이 길은 제가 부모님, 친구들, 심지어 교회에서 들었던 그 어떤 길과도 분명히 다른 길이었습니다.

주님은 깊은 사랑으로 정의됩니다. 저는 그 분이 제 변화의 근원이자 토대가 되길 원합니다. 제가 20년간 저만의 방식으로 존재하고 생각하고 행동하는 동안 저는 이 사랑이 저에게는 이질적으로 느껴지는 것을 분명히 확인했습니다. 그래도 이 새로운 방식으로 사랑하고자 노력하니, 주님과 저의 관계는 역동적으로 성장했습니다. 어렵고 쉽지 않은 길이었지만 자유의 길이기도 했습니다. 제 변화의 근원은 주님이고 그 전달자는 새로운 믿음·가치·규율·사랑에 따라 생각하고 행동함으로써 발전되었습니다.

이 여정은 제가 보고 듣고, 느끼는 것에 연속적이고 일상적인 의미를 부여했습니다. 그야말로 카타르시스적이고 유익한 구원의 여정이었습니다. 또한 성장과 발전에 가장 중요한 것을 제 인생의 중심으로 두게 되었습니다. 단순히 긍정적인 연결뿐 아니라 힘들고 고통스러운 것과의 연결이기도 했죠. 저는 도전이 어렵고 두려웠지만 피하지 않습니다. 오히려 마음을 열고 배움을 얻으려 했고, 역경을 겪어내는 제 자신을 관찰함으로써 더 성숙해졌습니다.

자신이 원하는 것을 평가하여 결정할 능력도 갖추기 전, 어린 나이에 주어진 가치관을 버리고 진정한 자아를 찾아 변화해 나가는 것. 그러한 성숙은 우리의 인식, 고정된 신념·가치·규율들이 삶을 통제할 때는 불가능합니다.

이 단계의 자유는 선택하기 힘들고 고된 길입니다. 시간도 오래 걸리는 과정이고요. 또 그 과정이 부모의 실패한 전략과 맞서야 한다면 치유의 과정도 필요합니다. 결국 원하는 사람이 되기 위해서 우리는 구시대적이고 열등하며 삶에 불필요한 제한적인 신념에서 벗어나야 합니다. 이 모든 것은 자아와 삶에 관한 일이기 때문입니다. 게다가 자주적인 가정을 이끄는 부모가 되는 것은 누구나 할 수 있는 일이 아니며, 모두의 장기적인 번영을 위한 현명한 결정을 내리도록 돕는 일입니다.

자연에는 삶의 움직임에 대한 수많은 변화의 예시가 있습니다. 나무를 한 번 보세요: 별 것 아닌 것 같은 열매로 시작합니다. 전혀 나무 같이 생기지도 않았죠. 하지만 그 안에 건강한 생명체가 되기 위해 환경과 상호 작용해야 하는 모든 것이 들어있습니다. 그 열매가 생명을 주는 환경에 떨어지면 활력을 얻어 궁극적인 성장과 기능 및 성숙의 전제 조건을 가지고 자라게 됩니다.

열매의 목표는 나무라는 기적적인 미래입니다. 그 결과를 향해 나아가려면 땅 밑에서 모든 방향으로 뿌리가 뻗어나가고 나무로 정착해 필요한 모든 것을 받아들이는 엄청난 움직임이 요구됩니다. 싹을 틔우고 줄기와 가지가 자라 잎사귀가 돋고 빛을 향해 뻗어가더라도 창조의 목표를 이루기 위해 끊임없이 노력해야 합니다. 성숙한 상태가 되어서도 더 큰 규모의 또 다른 임무를 수행해야 합니다. 우리에게 산소와 맛있는 과실을 주고 동물에게는 쉴 곳과 나뭇잎을 주며, 더 나아가 이 모든 과정을 몇 번이나 반복해야 합니다.

그렇다면 땅 속 열매의 성장을 가능하게 하는 것은 무엇일까요? 바로 뿌리의 호흡과 배출, 영양소의 흡수 면적을 최대화하기 위한 기여와 네트워크일 것입니다. 모든 요소가 함께 노력하여 성장을 촉진시키고 성숙을 준비합니다. 하지만 그 어느 것도 바깥 세상에서 눈으로 보이지는 않습니다. 생명을 불어넣는 토대의 창조는 땅 속에서 일어나는 일입니다. 비록 눈에 보이지는 않지만 땅 위에서 일어날 일들에 필수 전제 조건이며 중요합니다. 우리가 건강하고 장수하는 나무가 되고 싶다면, 어딘가에 흙을 가두어 두거나 오염시켜서는 안 됩니다. 생기 있고 건강한 근본 시스템이야말로 거듭되는 계절에도 우리를 건강하게 하고 삶을 유지하는 힘을 주며, 땅과의 관계를 굳건히 합니다.

나무의 움직임에서 한 가지 더 관찰할 것은 열매에서 복잡한 생명체로의 엄청난 변화입니다. 나무의 몸통으로, 가지로, 잎으로, 그리고 과실로 이루어진 그 생명체. 사실 변화가 매우 중요한 과정인데, 생명체의 건강한 성장에서는 오히려 간과하는 부분입니다. 열매를 보면 나무의 모습을 전혀 찾아볼 수 없고, 나무의 그 어떤 부분의 기능을 담당하지도 않습니다. 즉, 열매에서 나무로의 성장은 직접적이거나 관찰이 가능한 과정이 아니고 유사성을 찾을 수도 없다는 뜻입니다. 근본적인 변화는 계획에서 시작됩니다. 그것이 바로 내부의 지식이 현실에서 실현되는 요소입니다.

마찬가지로 우리 가족들도 유대의 능력을 키울 수 있는 건강한 조건을 마련해야 합니다. 건강하고 성공적인 생명체(세포, 나무 등)는 따라야 하는 조직(가족, 기업, 비영리 단체)의 기본적인 단위입니다. 뿌리와 흙 사이의 상호 작용처럼, 부모님의 결정으로 만들어진 환경은 규모를 크게 늘리는 지속 가능한 성장의 전제 조건입니다. 즉, 삶에 대한 필수적 지지대이며 우리가 성장을 중심으로 두고 촉진에 도움이 되는 방식으로 움직일 때 만들어집니다. 이렇게 중심을 잡는 일은 보통 보이지 않는 곳에서 일어납니다. 가족 구성원들에게 가장 중요하고 근본적인 성장은 우리의 시야 밖에 숨겨져 있습니다. 하지만 건강하고 자율적인 전제 조건을 만들어 놓는다면 성장의 발현을 경험하는 기쁨을 맛볼 수 있을 겁니다. 또한 배우자와 아이들 역시 늦지 않게 그들만의 성숙한 상태에 이르러 성장 규모를 확장하게 될 것입니다. 소중한 사람들에게 영감과 기쁨을 가져다 주며, 안전한 곳을 제공한다는 것. 이것은 그들의 가족과 사회에도 몇 배로 더 큰 이로움을 전달합니다.

우리가 건강한 문화를 만들고 나서는 자신도 그에 맞춰 살아가야 합니다. 즉, 성숙을 향해 나아가야 합니다. 규모를 키우는 전제 조건을 만들기 위해 에너지와 기술, 도구도 필요합니다. 다만 신념과 관점에 대한 단호한 노력도 필요하고, 감정적인 손실도 있을 수 있음을 인지해야 합니다. 규칙적인 삶의 휴식 구조도 만들고 일과 스트레스를 해소하는 취미도 필요합니다. 하지만 이보다도 더 중요한 것은 관계와 건강을 우선으로 하여 사랑하는 사람을 위해 과도하게 무언가를 하기 보다, 그들과 함께 행동 해야 한다는 사실입니다. 이 주제에 대해서는 3부에서 더 깊이 다뤄보도록 하죠. 어쨌든 이런 종합적인 노력이 눈에 띄지 않는 땅 속에 네트워크를 만들고 땅 위의 발전과 성숙을 받쳐줄 것입니다. 저는 내적 건강과 활력이 사람들을 일깨우고 영감과 열정을 북돋아 진정한 위대함으로 이끌 수 있다고 생각합니다. 또 차례로 그들이 사랑하고 섬기는 사람들에게까지 장기적인 혜택을 줄 것이라고 믿습니다.

성장을 중심으로 하는 가족은 삶의 단계를 따라 긍정적으로 자라고 진보합니다. 그 과정이 언제나 매끄럽진 않을 겁니다. 오히려 실수와 도전을 만나 배우고 변화하며 고쳐나가야겠죠. 그래서 부모들이 서로의 욕구를 잘 충족시키는 방식으로 행동해야 아이들도 함께 성장할 수 있습니다. 이는 대부분 현실에서는 눈에 잘 띄지 않는 과정입니다. 하지만 가정이 자주적인 기반에서 건강할 때 비로소 각 구성원이 성숙해지는 기쁨을 누릴 수 있습니다.

7장: 힘을 실어주는 관계

성장 중심 가족은 각 구성원이 지속적으로 발전하고 적응할 수 있게 자유를 주는 역동적인 관계의 네트워크입니다. 이런 네트워크를 잘 다져놓아야 하는데요. 이 네트워크로 가족 구성원 각자가 궁극적인 의미와 잠재력을 발휘하고 성장할 수 있기 때문입니다.

저희 부부는 18년간 아이들을 키워왔습니다. 저희는 부모로서 교육, 건강 관리, 재정적 지원에 집중했습니다. 하지만 이것이 중요하다 하더라도 가족이 번영을 위한 복잡한 성장에는 도움이 되지 않았습니다. 지속적으로 중심이 되어 우선시되어야 하는 것은 관계의 건강이었습니다. 부모와 아이들 모두 관계의 건강한 발전을 도모해야 합니다. 그래야 높은 수준의 도전과 지지를 경험할 수 있습니다. 이런 연대는 우리가 되어야 할 존재에도 힘을 줍니다. 서로 북돋아주고, 도전하고, 소통하고, 관심을 가져야 갈등 해결 방식을 구축하여 복잡한 성장의 시련과 위험 속에서도 효과적으로 가족을 이끌 수 있습니다. 소통의 갈래가 이런 식으로 뻗어나간다면 가족은 규모 확장이라는 거친 바다에도 끄덕 없을 겁니다.

여러분도 분명 가족에 대한 목표가 있을 겁니다. 당신의 계획은 어떤가요? 그 계획은 잘 실행되고 있나요? 성공을 원한다면 시간과 삶의 역동적인 연속성을 잘 조절해야 합니다. 그 노선으로는 성장을 우선으로 설정하면 됩니다. 생산력에 대한 책임보다 더 많거나 같은 양의 시간을 성장에 투자하는 것이죠. 가족의 성공을 위한 관계와 리더십 발전에 여러분은 얼마나 투자하고 계신가요?

전제 조건이라는 개념과 심리·사회학적 단계를 인지하는 것은 관계의 중요성을 아는 것입니다. 성장을 중심으로 하면 가족은 건강한 관계를 가장 중요한 기반으로 설정합니다. 그래야 가족 구성원이 스스로 처한 단계에서 자율적으로 방향을 잘 잡아 나갈 수 있고요. 여러분의 가족은 각자의 지혜로 복잡한 발전 단계를 잘 헤쳐나가고 있나요?

7세 이하의 어린 아이들에게 지혜란 다양한 환경으로부터 일반적인 정보를 다운로드하는 것을 의미합니다. 이것은 신뢰와 자율성, 주체성의 기반을 쌓아주고요. 부모가 깊은 애정으로써 감정적으로 건강한 사랑의 기반을 제공하면, 아이들도 역시 안전함을 느끼고 배움에 대한 열린 수단을 가지게 됩니다. 아이들은 학습으로 세상을 탐험하고 발견하기 때문에 세상이 흥미롭고 안전하며 애정을 보여준다면, 아이들은 용기와 자신감을 가지고 자신이 원하는 일을 주체적으로 해나갈 것입니다. 이 때 경계선을 연습하는 것은 기회와 한계를 알아보게 하고 성공적으로 앞으로 나아가는데 도움이 됩니다. 이는 관계 형성에도 특히 중요한데 올바르게 사랑한다는 것은 주고 받음의 역학 관계를 알아야 가능하기 때문입니다. 바로 마음에서 우러나오는 솔직함과 정중함의 소통 방식이죠. 이것이 근본입니다.

　유치원부터 고등학교 3학년을 통틀어 지혜라는 것은 근면성과 독자성의 함양을 동반합니다. 근면성은 더 나은 분별·처리·표현을 위한 인지 능력과 기술을 키웁니다. 물론 이것은 훗날 노동을 위해 준비하는 것이지만, 복잡한 관계과 감정의 방향을 잡는데도 필수적입니다. 보통 대학 이전의 교육 과정에서 이를 배우고, 건강하고 진보적인 교육자에 의해서 개발되고 구현될 수 있습니다. 감성과 이성이 성장하면, 젊음은 10년간의 자아 발견과 결정의 연속에도 문제 없을 것입니다. 장기적인 헌신의 관계에 있어서도 특히 중요한 역할을 할 것이고요.

　제가 25세의 나이로 결혼했을 당시 사실 아는 것이 없었습니다. 청혼도 전화로 했었고 아내가 하는 결혼식 준비도 도와주지 못했고요. 결혼 후 첫 한 두 해 역시 관계 형성에 시간을 쓰지 못했고 집을 돌보는 것에도 실패하고 말았습니다. 물론 스스로는 최고의 남편이 되고 싶었지만 실제로는 그저 무지하고 미성숙한 파트너였죠. 그런 점에서 제 아내가 저를 도와 변화의 길로 이끌어 준 것에 매우 감사합니다. 처음에 저는 변화에 저항하고 온갖 핑계를 대고 스스로를 정당화하면서 거부했었습니다. 이후 천천히, 충분히 자성하면서 제 우선 순위가 무엇인지 풀어나갔고 제 사랑이 진심임을 증명하기 위해 노력해 나갔습니다. 쉽지 않은 길이었습니다. 하지만 자존심을 접어버리자 저는 제가 누군지, 어떤 사람이 되어야 하는지, 어떤 사람이 되고 싶은지 분명하게 깨닫게 되었습니다.

우리가 건강하게 경계를 설정하고 신뢰의 감정을 키워 성숙해지면, 장기적으로 이로운 가치를 깨닫게 됩니다. 감성과 이성의 튼튼한 발전 없이는 관리 부실로 자아 통제에 실패하고 혼란의 소용돌이에 빠져버리고 맙니다.

성인이 되면 우리는 스스로의 가장 가까운 관계에서의 친밀함을 키워나가야 하는데, 이것은 중년의 삶을 향해 지속적으로 진화하게 합니다. 이 때 성숙이 우리의 성공에 기여합니다. 적절하고 건강한 신뢰의 구축으로 동반자와 동료의 차이를 뚜렷이 하게 되는 것이죠. 이러한 능력은 효과적이고 만족스러운 협력 관계의 필수 요소입니다. 그래야 혁신적인 발전을 이루면서 상호간에 이득을 줄 수 있습니다.

제가 결혼 초반 몇 년간 이런 도전을 통해 성장하지 않았더라면, 아마 사랑하는 아내와의 친밀감을 키우는 배우자로 발전하지 못했을 겁니다. 저희가 가족을 계획하고 예쁜 첫 아이를 낳으면서 물리적·감정적으로 서로를 지탱했고 아픔과 기쁨을 나누며 아름다운 딸아이를 세상에 데려올 수 있었습니다. 가정 환경에 가득한 감정적·육체적 친밀감 역시 가족으로서의 유대감을 키우는 데 큰 역할을 했습니다. 그렇게 2년 뒤 두 번째 아이를 낳으면서 그 행복은 계속 유지되었고요.

반면 제가 중학교와 고등학교에서 일하기 시작하면서 제 조직 원칙은 제 자신을 중심으로 두면서 학생들과의 유대관계에도 확실히 도움되었습니다. 처음 가르치는 일을 하기 시작했을 때 저는 너무 다정한 선생님이었습니다. 하지만 여기저기 흔들리다가 나중에는 너무 엄격한 선생님이 되어버렸고요. 3, 4년차가 되자 그 중간에서 균형을 잡았던 것 같습니다. 좀 더 인내심을 가지고 친절하게 대하는 법을 배우면서도 상황 속에서 일어나는 일을 진정으로 이해하게 되는 학습 곡선을 발견한 것입니다. 이는 교육학적 측면이든 훈육의 방식에서든 큰 변화를 가져왔습니다. 학생들에게도 더 자주 의미 있는 질문을 던짐으로써 통찰력을 가지게 되었던 거죠. 하지만 그럼에도 제 스스로를 아는 것 역시 중요했습니다. 철저한 자기 인식 없이 지각 능력과 결정은 공정하기가 어려웠습니다. 주님께서는 이렇게 말씀하셨죠. "외식하는 자여 먼저 네 눈 속에서 들보를 빼어라 그 후에야 밝히 보고 형제의 눈 속에서 티를 빼리라" (마태복음7:5) 이런 친밀함이 결국 제가 어떻게 해야 직장과 가정에서 생성적인 사람이 될 수 있는지 깨닫게 해주었습니다.

다음은 통합의 단계로, 화합적 감각을 갖는 단계입니다. 좋고 나쁨, 기쁨과 고통, 성취와 상실. 이 모든 것의 화합이죠. 이 덕목을 얻음으로써 우리는 한결 같은 인격과 지혜의 깊이를 이루어 가족과 집단을 긍정적으로 이끌고 세상을 변화시킬 수 있게 됩니다. 우리가 모든 가족 구성원의 성숙을 원한다면 관계 역시 건강하게 만들어야 합니다. 특히 부모간의 관계는 가족 환경을 구축하기 때문에 중요하고요.

관계와 성공

성공은 직선적이지 않습니다. 오히려 구불구불 돌아가고 커브도 많은 길이죠. 이 커브들은 선택과 시도, 실수와 실패, 그리고 다시 새로운 선택과 시도, 그에 따른 실망을 의미합니다. 방향을 결정하는 것은 우리가 배운 것, 즉 변화를 포함하여 우선 순위를 정하는 성장의 길입니다. 우리는 자신과 아이를 위해 성공을 원하면서도 실제로는 그 길을 충분히 인지하고 있지 않습니다. 커브로 인해 경로 이탈을 할 수 있는데도 말이죠. 그리고 이 이탈 자체가 사실은 성공을 찾는데 필수 요소입니다. 우리가 다음 단계의 존재 이유와 방법, 이 모든 것을 알아내게 서로 도와주는 관계를 가지고 있나요? 그 관계에서 바로 성장이 일어납니다.

리처드 세인트 존(Richard St. John)은 성공한 사람들과의 인터뷰 및 스스로의 성공을 연구하면서 8가지 성공 비결을 발견해냈습니다: 열정, 노력, 집중, 동기 부여, 아이디어, 개선, 섬김, 끈기. 이 8가지 비결을 함양하기 위해서는 건강한 관계의 성장을 전제로 해야 합니다.

건강한 관계는 우리의 마음 속에 생기를 부여하고 앞서 말한 8가지의 근원을 제공합니다. 마음-삶은 가장 큰 욕구의 힘이자 성취감이 가장 큰 목표입니다. 그리고 세상은 인간의 진정한 가치를 반영하는 자세와 행동으로, 열정과 영감으로 움직입니다. 아이들에게 이런 가치들이 가장 필요합니다. 건강한 마음과의 연결되면 우리는 성숙으로 한 단계 더 나아갈 수 있습니다. 그래서 마음-삶을 주는 관계야말로 집중·동기 부여·아이디어·개선·섬김·끈기로 지속적이며 의미 있는 일을 하게 하는 전제 조건을 만드는 것입니다.

우리는 육아가 어떻게 아이들과의 관계를 형성하고 아이의 사고 방식 발달에 영향을 주는지 알고 있어야 합니다. 헬리콥터나 교관처럼 행동하는 등의 흔한 육아 방식은 전혀 도움이 되지 않습니다. 우리가 헬리콥터처럼 곁을 서성이며 아이를 위기에서 구제하려고만 하면 오히려 스스로 문제를 해결하고 지혜를 짜내는 능력을 기를 수 없습니다. 과잉 보호도 역시 아이들이 내적 능력을 찾아가는 과정에 느낄 수 있는 만족감이나 고난의 극복, 기회 생성과 활용 능력을 앗아갑니다. 아이들이 잘못된 선택으로 인한 결과를 경험하든, 특정 가르침을 따르지 않든, 책임감을 다하지 않든, 그 어떤 상황에서도 지나치게 세세한 관리는 필요하지 않습니다.

감당할만한 실수와 장기적으로 심각한 손해에 물론 차이가 있죠. 하지만 이에 대해서도 부모들은 이성적으로 구별하지 않고 단순히 모든 사고가 엄청난 정서적인 고통을 유발한다고 생각합니다. 이런 부모는 스스로 안전·사랑·소속감·존중에 대한 욕구가 충족되지 않았다는 지표일 수 있습니다. 혹은 더 단순한 욕구, 잠·식습관·배설 등 생리적인 욕구가 충족되야 할 필요성을 나타내는 것일 수도 있고요.

우리가 헬리코터 같은 육아 방식을 버리지 않으면 아이들은 책임감, 삶에 대한 배움 의지, 결정 능력을 잃을 위험에 처해 있는 것이나 마찬가지입니다.

또 훈련 교관 같이 아이들을 대하는 것은 아이들은 스스로의 목소리와 창의력, 아름다움, 힘을 발견하는 능력을 상실하게 합니다. 물론 헬리콥터식이든 교관식이든 좋은 의도를 가지고 있다면, 가끔은 도움이 될지도 모릅니다. 하지만 그렇지 않은 경우가 더 많으며, 아이들이 다정하고 강인하면서도 탄력적이며 용감하여 평생 배움을 멈추지 않는 사람으로 성장하는데 도움이 되지 못할 겁니다.

관계는 배움과 그 활용에 열린 마음을 기르는 환경을 만들 수도, 도움을 거부하는 환경을 만들 수도 있습니다. 앞서 언급한 8가지 성공 비결을 타고난 사람들은 많지 않습니다. 보통 그 특성을 기르는데는 시간이 걸리기 때문에 먼저 받아들이고 써보는 것이 굉장히 중요합니다. 이런 개방적인 자세와 마음 가짐은 신뢰·안전·사랑을 진정하게 구축할 때 나타납니다. 그 반대의 경우에는 걱정·근심·욕심·두려움으로 관계를 희생하게 됩니다.

돈이 아닌 관계

전통적으로 돈과 명예는 행복에 중요한 기여를 해왔습니다. 하지만 하버드 성년기 연구에서는 행복에 대해서 다르게 분석했습니다. 724명 남성을 대상으로 한 70년간의 연구 데이터에 따르면, 건강과 행복을 결정하는 것은 돈이 아니라 바람직한 관계로 밝혀졌습니다.

연구 결과 몇 가지 중요한 내용은 아래와 같습니다:
1. 사회적 유대는 우리에게 긍정인 영향을 줍니다; 외로움은 우리를 괴롭히고, 위험합니다.
2. 해롭거나 심각한 갈등 없이 따뜻하고 애정이 있는 양질의 애정·친밀 관계는 우리의 건강을 지켜줍니다. 50세에 그런 관계로 가장 행복하고 만족했던 사람들이 80세에도 가장 건강하고 행복한 사람들이었습니다.
3. 좋은 관계는 우리의 뇌를 보호합니다; 80세에도 신뢰가 깊은 사람들이 가장 높은 뇌기능 수치를 보였습니다.

이런 결과가 사실 새로운 발견은 아닙니다. 하지만 왜 이런 것들이 지속적으로 우선시되고, 세계적으로 전파되지 않을까요? 아마 그 이유는 관계라는 것이 가진 복잡성 때문일 겁니다; 관계는 즉시 효과를 보지도 않고 마구 신나는 일도 아닙니다. 수량화하기도 어렵고 처음에는 이득이 될 것 같아 보이지도 않거든요.

스크린 보는 시간을 사람들과 보내는 시간으로 대체하면 어떨까요? 저희 가족은 아이들과 하루 동안 휴대폰 없이 긍정적이고 건설적인 활동을 했던 적이 있는데요. 그때를 생각해보면 정말 대단했습니다. 물론 가족의 건강한 관계 때문에 가능했던 일입니다. 우리의 뇌는 싸우거나 도피하는 반응보다 건설적인 일에 대해 생각하는 것에 더 열려 있습니다. 일주일에 한 번 함께 산책하는 것부터 시작해보세요. 개인적인 활동을 계속 우선으로 함으로써 더 건강한 관계를 위한 엄청난 잠재력을 키웁니다.

가정에서의 관계가 건강하면 직장 생활에도 변화가 생기는 것이 당연합니다. Giant Worldwide 컨설팅사의 제레미 쿠비체크(Jeremie Kubicek)는 최근에 이렇게 말한 적이 있습니다: "관계적 지능은 미래에 리더가 되기 위한 경쟁적 우위입니다. 새로운 세계에서는 당신의 조직 내외 주요한 관계를 수립하고, 발전시키고, 유지하는 능력이 리더십 영향력으로 인식될 것입니다."

생산성은 이제 더이상 위대한 리더십의 유일한 강점이 소통이 아닙니다. 단절된 상사는 동료에게 받아들여지지 않습니다. 아이들과 함께 하지 않는 엄마, 아빠 지겹지 않으세요? 항상 일에 바빠하고, 삶을 정의하는 진정한 순간을 놓쳐버리는 사람이 되고 싶으세요?

우리는 강인하고 건강한 관계의 가치를 끌어 올릴 시간을 이미 많이 낭비했습니다. 건강·행복·수명·가족·조직·회사를 위한 가장 중요한 요소들을 성장시키기 위해 당신은 충분히 투자하고 있나요?

성장 중심 가족은 건강한 기반을 다지는 관계를 위한 환경을 만듭니다. 5-6세의 아이의 발달 단계에는 이런 환경이 가장 중요합니다. 기본을 위한 시간이 다음 단계를 위해 아이들의 영혼에 자율성을 부여할 수도 있고 반대로 그런 능력을 떨어뜨릴 수도 있습니다.

건강한 관계 가르치기

진심으로 경청하세요

알파 인터네셔널(Alpha International)의 양육 코스[8]에 보면 관계를 가르치는데 큰 부분을 할애합니다. 관계는 부모의 주된 역할이기도 합니다. 이는 경청하기부터 시작합니다. 건강한 관계의 기초적인 요소죠. 우리가 사랑하는 사람과 함께 있을 때에는 그 순간의 중요성을 깨닫는데 집중하는 것이 중요합니다. 그 집중력을 흐트러뜨릴 수 있는 모든 것에 대한 생각을 멈춰야 하죠. 그리고 이를 가능케 하는 능력은 내적 인생을 어떻게 관리했느냐에 달려있습니다.

눈을 마주치면 귀를 기울이는데도 도움이 됩니다. 물론 계속 쳐다보고 있으면 이상해질 수 있으니 함께 있는 시간을 통틀어 지속적으로 마주치려고 노력하세요. 또한 소중한 사람이 관심 있는 것이 무엇인지 시간과 노력을 들여 알아보려고 노력해야 합니다. 이 때 그들이 공유하는 것에 가치 판단으로 흠잡

---

[8] The Parenting Children's Course (Alpha International, 2011), pp.47-52.

으려 하지 마세요. 그들의 생각과 관심사의 가치를 떨어뜨려 마음의 문을 닫게 하지도 마세요. 실망·당혹감·슬픔·걱정·화 같은 부정적인 감정을 표현하도록 마음을 여세요. 건강한 본성을 가지면 사랑하는 사람이 당신과 다른 점이 있더라도 열린 마음으로 수용할 수 있습니다.

경청하면서 들은 내용에 반응하고 아이들이 하는 말에 대해 드는 생각을 반복해서 말해보세요. 그들의 말 중 몇 단어를 다른 말로 바꾸어 표현하세요; 그렇다고 앵무새처럼 하지는 마시고요. 비판이 아니라 진심 어린 관심으로 정확하게 이해하려고 노력하는 모습을 보여주세요. 그리고 적절한 타이밍에 아이가 표현하려는 말에 당신이 느끼는 감정을 한 단계 나아가서 표현해주세요. "네가 화가 난 것/당황한 것/슬픈 것 같구나"라고 말이죠. 이런 반응은 당신이 마음을 더 비우면서도 존재감을 표현하는 것입니다. 또한 진심으로 듣고 상대방을 더 알아감으로써, 그들도 스스로의 감정을 깨닫고 내적 존재로 성장할 수 있게 도와주기도 하고요. 이는 그들의 발전에 굉장한 격려가 될 것입니다.

건강한 관계의 공간을 만들어주세요

아이들이 하는 말을 경청하고 대화에 참여하는 것 이외에도, 우리는 가족 관계의 건강도 추구하고 싶을 겁니다. 그러려면 해야 할 일과 하지 말아야 할 일이 있습니다. 우선 비교하지 말아야 합니다. 모든 갈등에 참여하지는 않아도 됩니다. 반면 가족 시간은 규칙적으로 마련해야 합니다. 그러면서도 아이들에게 그들만의 공간과 사생활도 주어야 하고요. 그래야 내면 생활의 건강을 지킬 수 있습니다.

1. 비교하지 마세요. 아이들 각자의 개성을 가치 있게 생각하고, 특정한 사람으로 분류하거나 구분 짓지 마세요. 하나에게 동기 부여를 하기 위해 다른 하나를 더 나은 사람으로 대조하지 마세요. 각자의 발전을 위해 개별적으로 노력하고 구식의, 전통적인, 포괄적인 가치 판단은 피하세요. 아이들 각자가 스스로의 욕구를 충족하고 시간과 발전 상황, 결과를 관리하도록 도와주세요. 그렇게 준비하고 힘을 얻어 스스로를 평가하고 어떻게 성장할지 결정하면, 그들은 주님이 주신 힘을 활용해 자율적으로 기회를 발견하고 행동할 것입니다.

2. 아이들이 겪는 싸움에 매번 중재하려 하지 마세요. 의견 충돌이 있으면 스스로 해결할 수 있는 여지를 주세요. 공정한 자세를 유지하고 큰 아이만 혼내거나 책임을 묻지 마세요. 상황을 주의 깊게 확인하지 않은 상태에서 바로 결론을 내지 마세요. 아이들이 서로 상처만 주거나 대화를 지배하는 상황이라면 끼어들어도 좋습니다. 약자를 괴롭히는 행동, 불쾌한 언사, 공격적인 태도는 허용하지 마세요. 멘토면서도 코치가 되어주세요. 서로 날카로워진 상황에서는 어떻게 더 나은 대화를 할 수 있을지 스스로 생각할 수 있게 도와주세요. 아이들이 중재자의 능력을 갖춘 사람으로도 성장하게 도와주세요.

3. 함께 가족 시간을 가지세요. 관계에는 이런 시간이 꼭, 충분히 필요합니다. 평상시에 생각하는 정도 이상으로 말이죠. 아이들이 커가면서 각자 식사하는 분위기로 흘러가게 두지 마세요. 집 안에 TV를 여러 대 두지 마시고 가족이 각자 스크린을 따로 보는 시간을 주지 마세요. 같이 영화를 보는 시간도 좋습니다. 앞서 다룬 한계에서 언급했던 것처럼 이런 시간이 문화적 촉진제로 얼마나 유용한지 기억하고 어렵더라도 노력하세요.

4. 가족만의 저녁 시간, 가족 여행, 가족 휴가를 마련하세요. 일정을 함께 나누세요. 집안일도 함께 하세요. 시시한 게임이나 놀이를 하는 등 즉흥적이고 자발적으로 함께 재밌는 시간을 보내세요. 아이들을 즐겁게 해주려고 하거나 무언가를 제공하는 식으로 놀아주지 마세요. 아이들이 지루해하면 그렇게

두시고 스스로 놀이를 만들게 유도하세요. 인내심을 갖고 함께 하는 시간을 즐기세요.

5. 아이들에게 각자의 공간과 사생활을 지켜주세요. 어떤 아이들은 함께 하는 시간보다 혼자 하는 시간이 더 필요할 수 있습니다. 커가면서 이런 욕구는 달라질 수도 있지만, 아이들은 자신만의 시간을 가지면서 속도를 늦추고, 자기를 돌아볼 줄 알게 되며, 자아(이야기, 가치, 경계선, 비전)를 발전시키는 방법을 배울 겁니다. 이 때 외부적인 요소(타인, 활동, 환경)에 아이들이 영향을 받아 원치 않는 모습으로 스스로를 이끌어 가는 것은 지양해야 합니다. 물론 어떤 외부 요소는 유용하기도 합니다. 하지만 정지 시간 없이 지나치게 바쁘거나 피곤해지면 취사선택하는 능력을 상실하게 됩니다. 그러므로 이러한 욕구의 충족도 아이들을 다음 단계로 이끄는 데 도움을 줍니다.

6. 아이들이 서로가 내는 좋은 의견에 공감하는 능력을 길러주세요. 서로를 보살필 줄 아는 책임감, 서로에게 감사하는 마음, 서로의 장점과 차이점을 알아보는 능력을 길러주세요. 타인이 느끼는 감정과 그렇게 된 이유에 대해서 생각해보도록 이끌어주세요. 이는 결국 서로를 존경하고 지지하는 관계를 만듭니다. 그리고 다시 영혼과 내적 삶의 발전, 성숙 과정의 반복을 지지하고 그 에너지와 인식의 발전을 우선시하게 됩니다. 공감할 줄 알면서도 강인하고 사랑을 베푸는 인격을 쌓으려면 끊임없는 관심과 생각, 가장 중요한 일의 반복이 필요합니다. 바로 성장 중심의 가족을 만드는 것이죠.

감정도 이와 동등하게 중요한 요소인데요. 우리는 행동의 효과가 얼마나 즉각적이고 강력한지 이해할 필요가 있습니다. 아이들이 하는 부정적인 행동과 그 원인이 되는 감정이 어떻게 발생하는지 알고 대응하는 것이 육아 기술입니다. 이 부분을 무시하면 아이들에게 이 과정을 무시하라고 간접적으로 가르치는 것입니다. 즉, 무지의 습관을 만들어 아이들이 성인이 되어서도 그것이 삶에 미치는 심오한 영향을 깨닫지 못하게 합니다. 우리는 강하고 긍정적인 감정적 유대를 기를 줄 알아야 하며, 이를 가족 문화의 규칙적인 부분으로 만들어야 합니다. 그래서 아이들이 가족과 집안 환경을 생각할 때 기분 좋은 생각이 들 수 있으면 좋겠죠.

이 모든 것이 성장 중심이라는 근본적이고 필수적인 요소로 우리를 이끕니다. 바로 자각입니다. 감정은 지각 능력을 통해서 생겨나는데, 우리가 상황과 타인, 특히 스스로를 보는 시각에 따라 다릅니다. 시간이 지날수록 우리는 평상시에 보고 듣는 내용에 가지는 의견으로 이야기를 만듭니다. 이는 무의식 중에 마음 속에 저장되어 삶을 관리하고 이끄는 방식의 근본이 됩니다. 무의식의 힘이 의식적인 상황보다 수백만 이상의 데이터를 처리하기 때문이죠. 이 때 우리의 경험, 인식, 이야기들이 세계를 이해하는 주관적인 인식이 됩니다. 그렇게 우리는 별다른 노력과 생각 없이 할 수 있는 일만 하게 됩니다. 효율적으로 우리를 성공하게 하거나 양날의 칼처럼 파괴로 이끌 수도 있습니다.

지각의 공간과 힘

인식은 삶의 근간입니다. 우리가 주위의 사물을 보고 해석하는 방법은 행복과 적대심, 사랑과 외로움, 만족감과 경쟁심을 만듭니다. 세상이 안전하다고 느끼고 타인이 우리를 정말로 신경 쓴다고 생각하며, 자신과 유·무형의 소유물을 모두 가치 있게 여긴다면 희망을 가지게 됩니다. 타인과 스스로를 이롭게 하는 현명한 결정에 감사함과 예의도 차릴 겁니다. 이런 신념이 널리 퍼질수록 우리는 인간으로서의 문제와 복잡함도 배우게 됩니다. 그렇게 우리는 사회의 안녕과 성장에 긍정적으로 기여하기 위해 나타나는 도전과 기회에 마음을 열 수 있습니다.

인식이 어떻게 행동으로 이어지는지 생각해보세요. 위험 요소가 있으면 싸우거나 도피를 하는 것이 보통 이치겠죠. 상황이 괜찮으면 경계를 늦추고요. 상황을 명확하게 인식했으면 이런 결정은 괜찮을 것입니다. 다만 상황을 이해하는데 오해가 있으면 혼란이나 파괴를 맞이합니다. 예를 들어 위험 요소가 없는데도 전쟁을 준비한 경우, 우리는 오히려 손해를 초래할 가능성이 큽니다. 반대로 일촉즉발의 상황인데도 깨닫지 못하고 있으면, 우리는 엄청난 손실을 경험하게 됩니다.

하지만 여기 우리의 인식을 관장하는 것이 있습니다. 바로 우리의 영혼입니다. 영혼의 상태는 우리가 보고 해석하는 방법에 직접적인 영향을 미칩니다. 영혼이 건강하면 용기와 연민으로 정직하게 조사하고 평가할 수 있습니다. 관계의 문제나 고통을 피하려 하지도 않을 겁니다. 또 우리는 솔직하고 공손한 사람이 되기 위해 노력하게 됩니다. 가족 구성원이든 함께 일하는 동료든, 어려운 일을 겪고 있을 때 인내심을 갖고 친절하게 돕는 사람이 됩니다. 그게 언젠가는 우리 자신에게 돌아와 회복이 필요한 상태로 나타날 수도 있고요.

우리의 영혼이 좋은 상태가 아니면, 두려움과 항상 부족하다는 느낌에 사로잡히게 됩니다. 시간, 돈, 자원, 심지어 세상에 좋은 일이 부족하다고 느끼죠. 자신이 충분히 똑똑하지 않다든지, 충분히 하고 있지 않다든지, 충분히 가지고 있지 않다는 생각과 느낌으로 너무나 쉽게 이어집니다. 간단히 말해 우리 스스로가 충분하지 않다는 생각이죠. 우리의 신념이 결핍에 대한 심오한 자각을 영속시킵니다. 이 모든 것이 무의식중에 고정되면, 결점과 열등감을 강력하게 불어넣고 지각 능력을 떨어뜨립니다. 그렇기 때문에 우리는 영혼에 대한 자각과 번영의 길을 찾아 나서야 합니다.

제가 3부에서 공유할 전략은 동기 부여와 기술을 키우는 전략입니다. 이는 내적인 삶을 강인하게 발전시키고 타인과의 유대를 가능하게 합니다. 건강한 관계는 결정과 행동, 헌신을 필요로 하고 마음의 감정적·영적 휴식을 우선시합니다. 인식은 그 결정과 행동, 헌신을 낳고요. 또한 영혼은 삶과 세계에 대한 이해 방식을 결정하여 관계의 자주성을 지키게 합니다.

정서적 근육이 있는 남자를 찾습니다

7장을 끝내기 전에 또 하나의 관계가 있습니다. 바로 남자와 관계의 문제죠. 관계 속에서 남자의 행동이 얼마나 중요할까요? 결혼과 가족 관계의 성공 여부는 결정적으로 남편이나 아버지 같은 남성에게 달려있습니다. 그래서 남자는 감정적 건강과 문제에 대한 더 깊은 이해, 사랑하는 방법에 적극적으로 마음을 써야 합니다.

타임지 2016년 6월호에 보면, 베린다 루스콤브(Belinda Luscombe)는 이런 조사 결과를 내놓았습니다. "...남성은 관계에서 사랑을 유지하기 위해 더 큰 '감정 노동'을 해야 합니다. 존 가트맨(John Gottman, 미국의 유명한 결혼 관련 전문가)은 '남성이 관계에서 하는 역할로 실패한 관계와 성공한 관계를 결정지을 수 있습니다.'라고 말했습니다. 남성의 행동이야말로 관계의 성공과 실패를 결정하는 중요한 변수라는 것이죠."

이는 남성을 위한 리더십의 주요한 부분입니다. 과거에는 남성이 리더십에 집착함으로써 다양한 부정적인 영향을 미쳤습니다. 특히 노동 문화에서, 또 가정에서 말이죠. 저는 남성이 건강한 관계나 감정적인 성숙을 이루는데 키를 쥐고 있는 상황을 수도 없이 봐왔습니다. 그런데도 사실 이 관계에서 남성 자신도 이롭게 됩니다. 반면 내적인 삶의 변화와 성장이 복잡하다는 사실을 우선적으로 고려되지 않으면 잠재력은 무시되고 목적도 이루어지지 않습니다. 방향도 어느샌가 불분명해지고 열정도 잃게 되죠. 이는 결혼은 물론이고 가족, 조직에서도 마찬가지입니다.

현재는 다행히 더 많은 리더들이 이를 인식하고 이해하며 긍정적으로 추구하려 노력하고 있습니다. 성에 상관 없이 더 의식적으로 참여하고 마음의 목표를 향해 나아가는 행동이 삶의 혁신을 일으킵니다. 전반적으로 더 나은 건강, 개인적·직업적·신체적·감정적·영적 용기도 만들고요. 미혼이든 기혼이든, 이혼했든 은퇴했든, 그 어떤 삶의 단계에 있든 상관 없습니다. 또 CEO든 ED든, 매니저든 고용인이든, 조직 내 어떤 역할을 하고 있든 성장 중심의 이데올로기와 훈련을 기초로 삼지 않으며 불명확하고 헌신하지 않는 삶을 살아가지 마세요. 그것이 바로 번영하는 삶의 핵심입니다.

가족의 삶은 매우 역동적이며 결혼, 육아, 아이들 이후의 삶까지 성공적으로 변화의 맥을 이어가려면 엄청난 지혜와 힘이 필요합니다. 성장을 중심으로 하면 가장 중요한 것을 놓치지 않을 수 있습니다. 평생 학습의 가치는 매우 높으며, 삶에 나타날 여러가지 폭풍우들도 준비할 수 있습니다. 그리고 이 모든 것을 하나의 선으로 이어서 "죽음으로 우리가 헤어질 때까지" 온전하게 이뤄내면 그에 대한 보상과 기쁨이 있습니다. 그리고 그 보상은 우리의 역사를 이해하는 맥락을 변화시키는 이 고된 여정 속에 존재합니다. 즉, 주님이 창조하신 아름다운 삶, 유일하고 소중한 그 삶을 우리에게 주신 통합으로 이뤄내고 이해하는 것을 경험하는 것입니다.

성장은 배우자, 아이들, 그 다음 세대에게 한 사랑의 서약을 지키는데 필수적인 중심입니다. 그리고 성장을 중심으로 한 사람은 세계를 결핍에서 자주성으로 해방시키는 근본적인 자원이 됩니다.

자, 앞서 이야기 한 내용을 청소년 육아에 적용하여 생각해보죠. 청소년이 된 아이들을 어떻게 훈육하고 싶으세요? 가까운 관계를 유지하시겠어요 아니면 거리를 두는 관계가 나으시겠어요? 엄격하거나 관대한 방식, 통제하거나 자유를 주는 방식, 의심하거나 신뢰하는 방식 이 상반된 방식 중에서 어떤 선택을 하시겠어요? 저는 이 모든 방식 중 하나만 선택하는 것이 옳다고 생각하진 않습니다. 가능한 둘 다 선택해서 적용하는 부모가 되세요. 엄격하고 관대하게. 신뢰하면서도 의심을 품기도 하고 애정이 넘치면서도 강해지세요. 부드러우면서도 단호하고 재밌으면서도 심각할 줄 아는 부모가 되세요. 간섭을 하면서도 자유를 주시고요. 둘 다 선택한다고 해서 두 가지를 동등하게 적용한다는 것은 아닙니다. 두 가지를 중시하는 비율은 절대 고정적일 수 없으며 상황에 따라 달라지기 마련입니다. 하지만 언제, 얼마나를 어떻게 결정할까요?

이는 도전과 지지의 균형을 맞추는 관계를 가지는 것에서 시작됩니다. 상대방을 솔직하게 대하고 존경심을 보여주어 안전하게 유대감을 나누면서도 적절하게 독립성을 유지하는 것입니다. 또한 현재를 함께 나누며 생산적인 자세를 가지는 것입니다. 같이 있는 상대가 아이들이든, 상사든 고용인이든, 사업 파트너든, 배우자든, 가장 친한 친구든 상관 없습니다. 이런 관계가 번영하기 위해서 우리는 이 "더하기"를 잘 해야 합니다. 하지만 어떻게 하느냐? 그 방법은 다음 장에서 다뤄보겠습니다.

8장: 감정의 풍부함

인생을 시간과 맞추면 관계를 우선시하고 그 가치를 중시하는데 도움이 됩니다. 영혼을 잘 돌보면서도 규칙적인 행동을 현실에서 반영할 수 있고요. 성장 중심 가족은 각 구성원의 영혼을 깊이 고려합니다. 영혼으로 서로 깊고 의미 있게 연결·통합할 수 있기 때문에 우리에게 가장 중요합니다. 영혼이 건강할 때 비로소 서로에게 도전하면서도 지탱하며, 궁극적으로는 자유로운 관계를 유지할 수 있기 때문입니다. 그래서 아이들에게 도전이 부족하면 육체적·감정적·정서적·영적 발달을 놓치게 됩니다; 우리의 지지가 없으면 아이들은 쉽게 낙담하고, 무관심하며 절박한 사람이 되기도 합니다. 자, 그렇다면 영혼이란 정확하게 무엇이며 어떻게 보호할 수 있을까요?

우리의 영혼은 관계를 만드는 연결점이자 스스로의 CAO(최고권위자와 지휘관)입니다. 건강한 영혼은 건강한 관계를 만들고, 더 나아가 건강한 문화를 만듭니다. 마치 컴퓨터의 운영 체제처럼 모든 것을 연결해, 우리가 사랑하고 일 할 때, 강력하면서도 부드러울 수 있도록 합니다. 그렇게 영혼이란 우리가 우선 순위를 정하고 처리·통합해서 결정하고 임무와 행동을 수행해 중요한 일을 성공하게 합니다. 우리의 영혼이 건강해야 좋은 일 나쁜 일, 도전도 겪으면서 앞으로 나아가고 삶의 해결 방법도 찾을 수 있습니다. 영혼이 건강하지 않으면 우리는 제자리에 머물거나 긍정적 발전을 하지 못하고 퇴보합니다. 우리의 관계도 물론 이에 고통 받고 더 큰 영향·기쁨·공헌·의미를 위한 기회도 놓쳐버리게 되죠.

우리의 영혼은 운영 체제 이외에도 삶의 이야기를 적는 작가이자 데이터의 해석 도구이기도 합니다. 여기서 삶의 이야기는 단순히 당신에 관한 이야기일 뿐만 아니라 당신 그 자체 입니다. 존 홈즈(John Holmes, 워털루 대학 심리학 박사 및 교수)[9]에 따르면 잘 자라는 영혼이란 수백만바이트의 데이터가 필요하고 긍정적·부정적 데이터, 기쁘고 고통스러운 데이터까지 가지고 있습

---

[9] 미국 심리학회(American Psychological Association), http://www.apa.org/monitor/2011/01/stories.aspx

니다. 그래야 드라마·모험·용기·희생·구원의 이야기를 창조해낼 수 있죠. 승리와 트라우마의 강력한 힘은 심오하고 독특하면서 역동적이고 영광스러운 이야기를 만들어냅니다. 삶을 관통하는 진정한 사랑의 관계와 공동체는 이런 이야기들이 서로 만난 결과이며 궁극적으로 더 원대하고 의미 있는 연대의 이야기를 만듭니다.

축복 받은 영혼은 모든 이치에 맞고 영원한 진화의 패러다임과도 뜻을 함께 합니다. 각 단계에서 욕망-시련-위기-해결-행동으로 새로운 사람이 되어 자발적으로 문제를 해결하고 삶에 긍정적인 기여도 합니다. 이 모든 과정은 가족 내의 자기 성찰이라는 큰 도전에서 시작해 업무 현장, 사회적 공동체, 더 나아가 세계로까지 확장됩니다.

영혼은 우리의 의지와 마음 가짐, 신체에까지 권한을 주는 존재입니다. 그렇기 때문에 영혼이 건강하지 않으면 우리는 나쁜 습관이나 패턴에 빠지고 의지나 마음 가짐이 바르게 작용하지 못합니다. 충족시키지 못한 신체의 욕구 역시 중독 현상으로 나타나 생각과 행동의 불일치에 빠지게 하죠.

영혼이 잘 자라기 위해서는 무엇이 필요할까요? 사실은 영혼의 본능이란 바로 무엇인가를 필요로 하는 것입니다. 존 오트버그(John Ortberg)는 내 영혼은 무엇을 갈망하는가(Soul Keeping)에서 영혼이 필요로 하는 많은 것을 언급하고 있습니다. 그 갈망의 대상은 휴식, 만족, 희망, 미래, 중심, 자유, 관리자, 축복, 감사하는 마음, 주님과 함께하는 것입니다. 우리가 이러한 갈망을 멈추는 것은 영혼을 부정하는 것과 같습니다. 당신은 영혼의 욕구를 충족하고 있나요? 그 욕구를 적어보고 성취 정도에 따라 1에서 5까지 점수를 매겨보세요. (미충족 1점으로, 완전 충족 5점) 그리고 영혼이 번영하고 있는지 대략적인 그림을 그리고 영혼을 위해 할 수 있는 일이 무엇인지 생각해보세요. 점수를 올릴 만한 제안을 다음에서 확인해보세요:

"서두르는 일은 가차 없이 제거하세요."–달라스 윌라드(Dallas Willard, 기독교적 영성 형성에 대한 저작으로 유명한 미국 철학자).

어떤 수준에서는 스케줄 관리에 대한 문제일 겁니다. 하지만 더 깊이 생각해보면 일종의 선택이도 합니다. 바로 한계점을 건강하게 수용하는 것이죠. 또한 성공·사랑·성취에 대한 기본 신념과 규율을 가지고 장기적으로 중요한 일을 우선시 하는 일입니다.

공간과 시간이 마련되면 더 건강한 영혼을 형성할 수 있는 가능성이 열립니다. 그렇기 때문에 영혼을 회복하는 활동을 목록으로 작성해보세요. 휴식에서부터 사회적인 유대, 개인적인 동기 부여, 도덕성의 추구, 조용한 고독의 시간까지 추가하세요. 실제 행동으로 옮기는 것을 서두르지 말고, 90일 안에 실행에 옮긴다고 결심해보세요. 그리고 달력에도 적어 기억하세요.

영혼이 강해지면서 당신은 존재·행동·마음의 일치를 점점 더 강하게 경험합니다. 서두르는 자세를 제거하고 장기적, 최고 위계의 목표를 정해 이루어 나가세요. 그게 당신의 진정한 자아입니다. 당신의 영성, 이상적인 부모와 결혼, 전반적인 건강 상태나 남기고 싶은 유산일 수도 있습니다.

이러한 목표 달성에 노력하기 위한 시간도 물론 마련해야 합니다. 더하기 위해 빼기를 먼저 하는 원리죠. 피로와 만성적인 스트레스, 탈진을 유발하는 것은 무엇일까요? 활동뿐 아니라 선택의 기반이 되는 본능적인 신념 및 규율도 확인하세요. 각 요소들은 모두에게 이로운 것이어야 합니다. 당신에게 더 큰 지지와 자원을 주는 선택들이어야 하죠. 이는 용감하고 연민 어린 통찰력을 줍니다. 또 심리적인 지혜와 감정적인 건강에 크게 기여합니다. 궁극적으로 이러한 변화는 성장이라는 중심을 설정해 가족 구성원과 우리의 사랑, 삶이 성숙해지도록 도울 것입니다.

영혼은 중심이 필요합니다

오트버그가 지적한 욕구들 중 저는 중심에 대한 욕구, 특히 성장 욕구에 주목하고 싶습니다. 성장이야말로 건강한 관계의 활력 넘치는 문화를 평생 유지하는 거대한 중심입니다. 저는 이 책을 중심에 대한 이야기로 시작했습니다; 중심은 우리를 조직하고 우선 순위도 정합니다. 하지만 영혼 없이 중심을 정하면 통합의 원칙은 사라지고 스트레스나 바쁜 상황에 타협하는 가족 환경만 남게 됩니다. 이는 건강하지 않은 관계와 미성숙한 감정을 만들고요. 많은 가족들이 아이의 성공을 원합니다. 그래서 부모는 아이들을 위해 우선 순위를 세우고 거주지, 지출과 수입, 교육을 고려합니다. 하지만 1장에서 언급했듯이, 이런 것들은 중심이 될 수 없습니다. 이들은 특정 욕구를 충족시킬 수는 있어도 그 과정에서 가장 중요한 가치는 경시하기 때문입니다. 중요한 가치란 깨달음과 격려를 주고 건강한 자주성을 키우는 무형의 가치입니다. 이런 가치들이 건강한 연인, 현명한 부모, 훌륭한 결정권자, 문제 해결자, 혁신적인 창조가, 투지·열정·인내심을 가진 사람이 되는데 도움이 됩니다. 그래서 진정한 사랑은 물리적인 욕구가 충족된다고 저절로 생기거나, 생기더라도 오래 가지 않습니다. 관계라는 것도 우리가 고소득의 직업을 가졌거나 멋진 집을 가진다고 잘 발전하지 않습니다. 성장을 중심으로 하는 가족, 건강한 문화를 만들어가는 가족은 유형적 가치, 그 이상을 중심으로 하는 영혼의 인간으로서 힘을 얻을 것입니다.

태양계는 이런 문화 창조의 훌륭한 예입니다. 큰 것을 중심으로 훨씬 작은 존재들이 그 주위를 회전하죠. 이 체계는 우리가 아는 한 오랫동안 생명체의 삶을 유지해왔고 수많은 세대들이 이를 오고 갔습니다. 우리의 태양계는 그런 생명에 대한 조건을 제공해왔습니다. 사람에게도 마찬가지고요. 그렇게 인간은 다양한 방면으로 진화하고 발전하여 실패와 성공을 통해 배움을 얻었습니다. 우리가 사랑을 배울 때 사회와 국가는 높은 수준의 지배력, 관리 능력, 동정의 길로 나아갔습니다. 우리가 두려움에 매달릴 때면, 어김 없이 괴물이 되어 타인과 스스로를 파괴했고요.

우리가 앞으로 나아가며 성취하는 세계의 일부가 되고 싶다면, 우리만의 "태양계"에 이런 중심을 가져야 합니다. 생명을 만드는 체계를 유지하기 위해 무엇이 필요할까요?

태양이 있어야 합니다. 빛과 온기의 주요 근원인 태양으로 우리는 세계의 모든 원자에게 활력을 주었습니다. 태양이 없다면 우리는 눈이 멀고 얼어 죽을 겁니다. 행성들은 우주 속으로 잠이 들어 버릴 거고요. 우리와 소중한 지구는 태양의 중력과 에너지가 아니었더라면 소멸했을 겁니다.

모든 것을 온전하게 유지하려면 얼마나 큰 중심이 필요할까요? 우리를 다른 것들과 함께 궤도 안에 유지하려면, 태양은 지구보다 190배 큰 지름을 가져야 하고 333,000배 큰 질량을 가져야 합니다. 대략 1,300,000개의 지구가 태양과 맞먹는다는 뜻이죠!

우리가 아는 생명이 존재하려면 이 엄청나게 거대한 중심이 우리에게 시야와 온기를 주어야 합니다. 우리는 앞을 볼 수 있기 때문에 무엇이 일어나고 있는지 알 수 있고 생존과 번영에 필요한 것을 얻을 수 있습니다. (관찰, 이론 구성, 계획, 실험, 문제 해결 등) 그래서 볼 수 있다는 것은 절대적으로 필수입니다. 하루 하루 빛이 있다는 것도 역시 우리가 종으로서 존재와 진화를 가능하게 하였습니다. 삶의 경험에 적절한 온도를 잊지 마세요; 네, 우리는 한계치 이상으로 추워지거나 더워지지 않기 때문에 스스로를 보호할 수 있습니다.

우리의 체계에 이런 중심이 있나요?

태양이 우리 생명의 근원인 것처럼, 우리의 영혼에 활력을 주고 성장 중심 가족을 기르는 그런 중심 말입니다. 우리에게 그런 중심이란 정확히 무엇일까요?

그것은 바로 사랑입니다. 태양과 그 행성들의 체계를 대변하는 사랑. 태양계는 우리가 따라야 할 일종의 모델이라고 할 수 있습니다. 가장 고통스럽고 힘든 문제는 사랑이 부족할 때 우리를 무너뜨립니다. 그리고 우리에게 비전이나 해결책을 찾을 열정을 남겨주지 않습니다.

영혼의 욕구는 우리가 사랑을 품고 이해할 수 있게 도와줍니다. 그리고 그 사랑이란 생각보다 훨씬 크고 상당하며 강력합니다. 다만 사랑이라고 불리는 대상에 주의하세요. 모든 사랑이 가치가 있는 것은 아닙니다. 우리가 필요한 사랑은 창조의 목적을 이루고 그에 따라 행동할 수 있는 성장을 이끌어냅니다. 또한 우리는 그로 인해 타인과 자신에게 가장 좋은 사람이 되고 가장 좋은 일을 해야 합니다. 이 자유로운 사랑의 빛 속에서라야 우리가 번영할 수 있습니다. 그런 사랑이 우리를 통제하고, 욕구를 충족을 방해하며, 성장과 자아 실현의 가치를 저해하는 두려움을 몰아냅니다.

성경의 고린도전서 13장에는 이런 필수적인, 생명을 부여하는 가치를 설명하고 있습니다. 처음 몇 구절에서 그 가치를 표현하고 있는데요. 사랑은 심오한 지식·고고한 자신감·영감·희생, 이 모든 것에 의미와 중요성을 부여합니다. 그리고 이 사랑이 없다면 그 어떤 덕목도 아무 의미가 없습니다. 이 중간 단계는 인내심 있는, 친절한, 자족하는, 겸손한, 용서하는, 관대한, 사악함을 싫어하는, 진정으로 사랑하는, 항상 신뢰하고 희망이 가득 찬, 끝이 없다는 특징이 있습니다. 그리고 성취, 성숙, 선명도라는 세 가지 결과를 얻어냅니다.

사랑은 우리가 정의하는 것이 아니라 경험하고 증명하는 것입니다. 건강하고 오래 지속되는, 헌신적인 관계가 증명하는 것이 바로 사랑입니다. 그리고 그 사랑을 주고 받는 사람이 자유롭고 성숙하게 성장할 때 진정한 의미가 실현됩니다. 이는 두려움을 만드는 거짓된 사랑으로 영감과 기쁨을 앗아가는 숨겨진 힘을 발견한 사람들이 증명해낸 사실입니다.

사랑은 넓고 깊은 인식의 핵심입니다. 다른 우선 순위나 덕목, 가치 중에서도 가장 중요한 것만을 이데올로기로 삼죠. 이로써 보통 욕구를 충족시키는 시기와 방법도 알 수 있습니다. 이 모든 과정이 실로 에릭슨이 말하는 심리·사회학적 발달 단계상 갈등을 극복하는 자주성이라고 할 수 있습니다. 이 자유로운 에너지가 우리를 지도자로서 자각하도록 이끌고, 비전과 지혜의 변화에서도 살아남을 수 있게 합니다. 태양과 같은 사랑은 가장 중요한 가치에 주목하게 하고, 건강한 삶을 유지하는 에너지를 제공합니다. 모든 사람들에게 혜택과 축복을 주고자 하는 욕망은 최고 위계이자 심오한 목표입니다. 자주적인 관계에 대한 영감, 도전과 지지로 우리에게 동기를 부여하는 일이기도 하죠. 그 이후 우리는 타인에게 기여하고 특히 사랑하는 사람과 소통할 수 있게 됩니다.

당신의 시각, 이데올로기, 이론, 철학, 세계관에 이런 사랑이 통합적으로 스며들어 있나요? 사랑은 전세계적인 통치 원리로 창조를 추구합니다. 그게 바로 창조주의 마음이자 영혼이고요.

역사는 시간을 거듭하면서 모든 단계의 사회, 가족 단위에서 국가 경영까지 리더십의 역량이 인간의 종을 어떻게 발전시키는지 보여주었습니다. 이는 적절한 시간과 장소에 개인이 용기 있게 삶의 복잡성·다양성·소중함을 선택하는 이야기이고요. 이러한 가치들은 출신 가족이나 문화에 기반한 구시대적이고, 제한적인 규율 및 신념 대신에 선택되어야 합니다.

2016년에 개봉된 히든 피겨스라는 훌륭한 영화를 예로 들어보겠습니다. 이 영화는 캐서린 G 존슨(Katherine G. Johnson), 도로시 본(Dorothy Vaughan), 메리 잭슨(Mary Jackson) 등 1960년대에 NASA에서 일했던 멋진 흑인 미국 여성들이 당시 시대의 심각한 편견에 맞서 싸우는 감동적인 이야기를 그려냈습니다. 미국은 당시 소련에 의해서 우주 개발 경쟁에 뒤처져 있는 상태였습니다. 그래서 인간을 우주 궤도로 올리려고 끊임 없이 노력하고 있었죠. 그 와중에 이 세 명의 지혜롭고 똑똑한 여성들은 편견과 싸우면서 도전에 임하고 우주 여행이라는 일을 해냈습니다. 이들은 사람을 단순히 궤도에 올리는 것뿐 아니라 달에도 보냄으로써 미국 기술 역사상 엄청난 공헌을 했습니다.

영화에서는 "그건 원래 그래."라는 말이 여러 인물을 통해 대사로 사용됩니다. 이러한 태도는 성장이 아닌 중심과 두려움에 기반한 마음 가짐을 의미합니다. 하지만 영화 속 여성들은 그러한 거짓에 넘어가지 않고 용감하게 자유의 비전을 끌어안아 진실로 실현시켰습니다. 영화 중반에 캐서린 존슨이 존 글랜의 곧 있을 임무 관련 편집 위원회 회의에 참여할 수 있을지 여쭈는 장면이 나옵니다. 그리고 그 임무는 지구 궤도에 첫 미국인을 보내는 일이었죠. NASA의 책임 엔지니어였던 폴 스태포드(Paul Stafford)는 그 요청을 거절하고는 "여성이 참여하는 의례는 없다."고 말합니다. 그러자 존슨은 이렇게 대답했습니다. "남성이 지구 궤도 비행을 해야 한다는 관례도 없습니다." 이를 보면 당시 NASA의 문제 해결 방식의 발전을 막고 있었던 것은 "관례"에 대한 집착임을 알 수 있습니다. 다행히도 이 여성들은 동료보다 훨씬 뛰어난 능력과 삶에 대한 더 큰 그림을 가지고 있었습니다. "각자 성공을 더 넓은 의미로 인식하고 있었습니다. 다른 여성, 흑인, 흑인 여성, 그리고 더 나아가 미국 전체로 말이죠."[10]

---

[10] Lenika Cruz, https://www.theatlantic.com/entertainment/archive/2017/01/hidden-figures-review/512252/

진정한 해결책에 대한 욕구는 더 나은 세상으로 변화를 위한 세 명의 여걸들에게 무대를 내어주었습니다. 캐서린은 해석 기하학에 대한 전문 지식을 갖고 있었기 때문에 존 글랜을 궤도로 보내는 특별 임무 조직에 배정되었습니다. 글랜은 인간적인 사람으로 편견이나 답답한 업무 방식의 NASA 문화를 변화시키고자는 움직임의 중심 인물이었습니다. 그가 편견 없이 사람들을 대하니 캐서린에게도 그 영향이 미쳐 NASA는 평등과 자유를 향해 진화를 거듭할 수 있었습니다.

메리는 엔지니어가 되기 위한 여정 속 인종주의적인 관료 체계를 발견합니다. 도로시는 흑인 미국 여성 인간 컴퓨터팀을 충실히 이끌면서도 이미 한참 전에 진행되었어야 할 승진을 위해 싸웁니다. 이들은 똑똑하고 열정적이며 인간적입니다. 주말에는 교회에 나가고 이웃들과 바베큐 파티도 즐길 줄 아는 사람들이고요. 물론 이들의 삶이 완벽하진 않습니다. 하지만 노골적인 인종주의를 겪으면서 어느 누가 완벽한 삶을 가질 수 있을까요? 캐서린, 도로시, 메리는 환경적, 문화적 도전에도 불구하고 지성과 올바른 중심으로 이 모든 시련을 이겨냅니다. 이 영화는 단순히 "항공 과학의 지식만을 설명하지 않고 인물들의 지성과 따뜻한 인성에 집중해 직장 안팎의 성공 스토리를 묘사합니다. 시청자도 물론 이런 이야기를 원하고요."[11] 우리는 영화를 통해서 직장 내 천재들도 보지만, 그들의 사랑과 인간성에도 영감받습니다. 그들의 겸손함, 열정, 인내심이 그들을 향한 심한 차별에서 자유롭게 해방시키고 성공하게 합니다.

가족·기업·비영리단체·교회·회사 등 다양한 조직들이 쇠퇴하다가 망하는 이유가 무엇일까요? 태양이 없기 때문입니다. 중력(사랑)이 충분하지 않아 사람들을 유지하지 못합니다. 빛(진리·소통·정직·진실)과 온기(애정·격려·소속감)도 부족합니다. 이런 결핍의 상황에서는 활력이 있어도 지속 가능하지 않

---

[11] 같은 책

습니다. 여러분은 어떤가요? 결핍의 상태가 아니더라도 큰 중심으로까지 잘 잡아가고 있나요?

도전이란 정확히 무엇일까요? 심각하지 않은 중심이란 순응, 경쟁, 두려움, 실용주의, 돈, 성과, 단기적 목표도 포함합니다. 이런 요소는 삶을 관통하는 문화를 절대 지속할 수 없습니다. 그들은 의도적으로 우리를 맹목적인 사람으로 만들고, 삶과 자산에 전반적인 파괴를 가져옵니다.[12] 또한 스스로를 건강한 영양을 섭취하거나 낭비하는 것도 통제할 수 없을 정도로 체계를 닫아버립니다. 그렇게 우리는 배우고 탐험하는데 점점 덜 겸손해지고, 특히 자가 평가에도 덜 정직해지며, 불필요하고 해로운 것을 제거하는데도 덜 용감하게 대처합니다. 감정적인 위생과 도덕적인 용기 없이 우리는 창의성과 혁신을 잃어버리고 세상에 기여하지도 못합니다. 마치 "시장"에 기회가 필요한 것처럼 말입니다.

태양계 설계에는 엄청난 사상과 지혜가 필요했습니다. 그랬기에 이렇게 오랫동안 생명이 유지되는 것입니다. 우리도 조직(가족, 회사·기업, 비영리단체·교회 등)에서 성장하고 인간의 번영을 돕는 문화를 유지하기 위해서는 존재의 질을 증가시키고 생산력을 올려야 합니다. 또한 창조주로부터 많은 것을 배우고 이미 증명된 그의 설계에 따라 움직여야 합니다.

이 계획은 태양과 같은 사랑으로 관계가 동적이고 활기찬 모습을 하고 있습니다. 모든 구성원이 헌신적인 사랑을 받고 감정적·관계적 건강과 성숙을 이룹니다. 이는 아이들뿐 아니라 부모에게도 해당되는 일입니다. 즉, 사랑의 정의와 실천은 정직한 감사의 마음과 안정에 대한 욕구, 감정 뒤의 자각·성숙·발달을 의미합니다. 우리가 이런 문화에 몰두할 때야말로 비로소 더 나은 삶의 균형과 통합을 발견할 수 있습니다. 스스로 적극적으로 숨겨진 가정 내 문제를

---

[12] 마가렛 헤프넌(Margaret Heffernan), 의도적 외면*(Willful Blindness)*, 2011.

관리해야 하고요. 시간을 낭비해가며 감정적인 쐐기를 만들고 서로 인식을 흐뜨리는 것 말입니다. 그래야 자신과 사랑하는 사람의 영혼을 지켜 보는데서 그치는 것이 아니라 영혼을 풍요롭게 하는 사랑을 실현할 수 있습니다. 이는 자유로운 지각 능력, 애정을 낳아 모두가 자애롭게 서로를 이끌고 섬길 수 있도록 도와줍니다. 이러한 중심은 가장 중요한 가치를 먼저 강하게 단련합니다. 모든 이의 사랑과 지혜, 유산을 만들고 자아의 기반이 되는 가치죠. 나아가 엘리트주의, 역기능적으로 공격에 방어하는 능력, 필수적인 자유(언론의 자유, 표현의 자유, 새로운 정보 탐사의 자유)를 억압하는 모든 것을 제거합니다. 즉, 발전적인 시각으로 생각하고 행동하는 방법을 배우는 일이며, 모두의 가치를 고양시키는 일입니다.

성장 중심 가족에게는 발전이 최우선입니다. 욕구 충족, 심리·사회학적 성숙, 양심의 고양이죠. 구성원을 이끌고 관리하며 책임까지 지는 부모는 긍정적이고 건강한 발전의 요구사항에 따라 생각하고 행동합니다. 이러한 마음 가짐이 모든 가족 구성원을 성장하고 번영하게 하고요. 이러한 문화로 리더는 중요하고 진정한, 애정 어린 자세를 가지고 우선적인 가치를 향해 일할 수 있습니다(영혼, 관계, 심리·사회학적 방향과 탐색). 그리고 안전하고 신뢰가 가득한 관계 역시 이러한 실현의 기반이 됩니다. 시간이 지나면서 리더들은 자리에서 물러나 스스로를 해방시키고 자신에게 가장 중요한 일에 집중하며, 가장 효과적이자 무능한 능력을 위임합니다. 그리고 시간과 정성, 에너지를 쏟아 자신에게 가장 중요한 것을 성장시키는 단계에 들어서죠.

강력한 이야기를 쓰는 작가가 없으면 해로운 시각과 혼란스러운 해결 방법이 세상에 나타나기 마련입니다. 영혼이 건강하지 않으면 통합점도 놓칩니다. 즉, 자신과 사랑을 연결하려 하지 않고 두려움이나 비관주의에 사로잡히게 됩니다. 우리의 이야기는 우울하고 희망도 없이 무력하게 됩니다. "원래 다 그래. 할 수 있는 일은 아무것도 없어." 만약 내적인 삶을 함양하기 위해서 열심히 노력하지 않으면, 우리는 본능적으로 변화를 만들지 않고, 만들 수도 없으며, 그러지도 않을 거라고 단정지어 버립니다. 대담한 신념을 가지려 하지도 않고 항상 그래왔던 방식으로만 행동하려고 합니다. 이는 긍정적이고 혁신적이며 세상을 바꿀 수 있는 방법과 존재가 무엇인지에 대한 맹목성만을 영속시킵니다.

이보다는 지혜를 겸비한 사람으로 자라는 것이 더 낫지 않을까요? 스스로와 타인을 사랑으로 똑바로 보세요. 가장 위대한 가치를 보완하는 결정을 내리고 모든 걱정을 날려보세요. 저는 청소년 아이 훈육, 중년의 위기, 노화, 연세가 드신 부모님과의 소통 등의 실패가 심리적 지혜의 부족으로 초래되는 것이라고 봅니다. 변화를 거부하고 태양 같은 사랑이 발현되지 못하는 것입니다. 사실 이는 구시대적인 규율과 제한적인 신념에 대한 고집일 뿐이며, 불안감과 맹목적인 순응과 자만의 결과입니다.

우리는 건강한 영혼 없이 안전한 연결자가 되어 삶의 폭풍우를 헤쳐나가거나 긍정적으로 변화에 적응할 수 없습니다. 원하는 삶도 얻지 못할 거고요. 사랑하는 사람과의 튼튼한 기반이 없기 때문에 쌓아온 관계도 모두 잃어버릴 것입니다. 반면에 건강한 영혼은 경솔함, 불안감, 원망, 악의, 내적인 삶의 필수요건에 대한 방치, 성공이란 부차적 지표를 위한 해로운 동기(돈이나 승진) 제거에도 도움을 줄 것입니다.

영혼이 진정으로 살아있다면, 당신은 스스로를 사랑할 겁니다. 그리고 스스로를 사랑할 때, 당신은 기대와 통제가 아닌 자유로 타인도 사랑할 것입니다. 하워드 서먼(Howard Thurman)은 이런 유명한 말을 남겼었죠. "세상이 무엇을 필요로 하는지 질문하지 마세요. 당신을 살아있게 하는 것이 무엇인지 질문하고 그 일을 하세요. 왜냐하면 세상이 필요로 하는 것은 바로 활력 있는 사람이기 때문입니다." 영혼의 충만함이 바로 당신을 돕는 일을 할 것입니다...

당신이 매우 소중하다고 믿으세요.

충만한 사랑에서 안식하세요.

열정을 탐닉하세요.

당신의 야망에 투자하세요.

당신만의 목적과 꿈을 맞게, 활기 차게 삶을 만들어가세요.

영혼과 스스로를 치유하는 방법에 대해 더 공부하세요. 더 멀리, 더 강하고 길게, 더 빠르게 가기 위해서 속도를 늦추세요. 사랑을 주고 받을 시간, 공간도 더 만드세요. 사랑이 영혼을 살아있게 합니다. 우리는 치유와 변화를 통해 사랑을 받고, 그 사랑을 타인과 나눌 수 있습니다. 실패하고 나락으로 떨어질 때, 두려움과 불안함이 끝나지 않을 때까지 노력하고 붙들고 계세요. 감정적인 문제를 다루는 게 고통스럽겠지만 그럴만한 가치가 있을 겁니다. 내적인 평안이 없다면 건강하게 사랑할 수도 없습니다. 사랑하는 이를 위해 할 수 있는 일은 많지만, 그 모든 일로 진정한 성장과 친밀함을 이루면서 그들과 함께 하지는 못할 겁니다.

우리의 영혼에 그런 사랑이 정말로 필요할까요? 영혼이 건강하지 않으면 결국 파국을 맞이하고 진정한 자아와 사랑하는 사람과는 떨어질 겁니다.

번영하는 영혼은 감정적 건강을 증진시킵니다. 그렇지 않고서 우리는 갈등, 두려움, 상실을 견뎌낼 수 없습니다. 싸우고 도피하는 식의 태도에 사로잡히면 공격을 피하고 바로 무너질 것입니다. 건강한 영혼을 지키면서도 대화를 할 수 있고 상호간 이해와 공감을 향해 관계를 유지할 수 있습니다. 이 두 가지를 훈련하듯이 발달시키는 것. 이를 위해서 계획을 세우고 노력해서 결과를 내보세요.

패턴을 위한 계획

매일, 매주, 매월 하는 일은 우리를 개인과 가족으로서 만드는 가장 강력한 요소입니다. 규칙적인 생활은 우리의 영혼을 통합하거나 해체합니다. 우리가 몸으로 섭취하는 음식처럼, 활동이나 환경은 세계관과 이데올로기, 보고 듣고 경험하는 감각의 형성에 깊이 관여합니다. 건강한 일상 생활은 에너지·힘·명료함·집중력·활력·수명을 가져옵니다. 반면, 나쁜 습관이나 역기능에 지속적으로 노출되면 부정적인 영향을 받아 의미 있는 성취를 찾기 위한 능력도 사라집니다.

아이들이 성인이 되면 어린 시절은 어떻게 기억할까요…
- 가족으로서 함께 보낸 즐거운 시간?
- 항상 누군가 경청해주는 시간?
- 어려운 선택에 대한 이야기를 할 수 있었던 시간?
- 긍정적인 격려와 지지를 받던 시간?
- 자신만의 성격과 재능으로 가치를 인정받는 시간?
- 사랑 받는 느낌과 깨달음을 얻는 시간?
- 정직이나 관용 같은 중요한 가치를 배운 시간?
- 자신과 타인을 생각하는 방법을 배운 시간?
- 자신을 위해 누군가 기도해준 시간?
- 스스로를 보호하기 위한 뚜렷한 경계를 짓는 시간?
- 친절함을 모범으로 삼는 시간?

아이들이 이런 시간을 경험하고 심리·사회적 욕구, 안전에 대한 욕구, 사랑에 대한 욕구, 소속감과 자아에 대한 욕구가 충족되고 있나요? 패턴의 목적은 모두를 위한 영혼의 원대한 성취이자 그의 지속입니다. 아이들뿐 아니라 우리 스스로를 위해서도 필요한 시간이죠.

가족 구성원들의 영혼이 번영하면서도 다양한 단계(특정한 갈등 상황과 다음을 위한 준비)를 긍정적으로 확인하려면 규칙적으로 무슨 일을 해야 할까요?

신뢰 대 불신

자율성 대 수치심·의심

결단력 대 죄책감

근면성 대 열등감

자아 대 역할 혼란

친밀감 대 고립감

생식성 대 침체

진실성 대 절망

우리 모두 가족 구성원을 도와 단계적인 도전을 극복하고 그 다음 단계를 향해 나아가는 것을 삶의 패턴으로 삼기를 바랍니다. 하지만 성인이 되어서도 자아와 친밀함을 기르고 더 큰 생식성과 진실성도 추구해야 합니다. 이는 언제나 역동적이고 다면적인 전략으로 건강한 관계, 영혼·자아 관리, 시간과 우선순위 관리가 될 때 가능합니다.

패턴을 가지고 있다는 것은 반복적인 요소가 있음을 의미합니다. 가족의 흔한 패턴으로는 수면 시간, 저녁 시간, 여가 시간, 휴식 시간, 월간 영화의 날이나 주간 장보기, 친척이나 친구들과 함께 하는 시간 등 규칙적인 행사를 들 수 있습니다. 저는 아들과 함께 1년에 15회 이상 낚시를 가곤 합니다. 딸과도 비슷한 횟수로 영화를 보러 가고요. 아내와는 1년에 12-20회 함께 쇼핑을 갑니다. 그러고도 매주 2-4회는 함께 산책을 즐깁니다. 이런 활동은 패턴으로 정해져 있는 것은 아니고 삶의 단계에 따라 변하기도 합니다.

물론 삶의 패턴을 정하는 것이 시작이지만 요지는 사실 이를 적극적으로 유지하는 데 있습니다. 어떻게 이를 유지하는지, 무엇이 동기로 작용하는지도 중요하고요. 할 일을 목록으로 작성하고 계획하는 것은 쉽습니다. 하지만 그 세부 사항을 정하는 것은 정말 어렵습니다. 주로 각자가 즐기는 일이나 활동의 지속성이 이에 해당되죠. 그래서 패턴이란 실행하기는 쉽지만 유지하려면 빈도수도 직접적으로 연결 지어 생각해야 합니다.

계획하는 것이 정 어렵다면 기대치를 조정하여 시간을 갖고 기술을 배우며 향상시켜 가야 합니다. 장애물을 인식하고 변화의 기회를 만드는 것 자체도 이 계획을 유지하는 또 하나의 이유가 되기 때문입니다. 꾸준한 실천과 함께 또 다른 연습으로도 이를 유지할 수 있습니다. 이로써 스스로 삶의 패턴을 즐기고 능동적으로 유지하는 사람이 될 것입니다.

3부와 부록에서는 영혼 가득한 중심을 위해 가족의 패턴을 이끌고 관리하는 기술 및 도구를 알려드립니다. 이로써 여러분은 가족에게 권한을 부여하는 전제 조건을 기를 수 있을 겁니다. 더 나아가 독특하고 아름다운 방식으로 가족을 확대할 수 있고요. 저는 여러분의 패턴이 가족들의 욕구를 충족시키고 발전과 성숙을 이끌어내 그 만족감과 기쁨을 경험하게 되기를 바랍니다.

우선 매일 몇 분이라도 속도를 줄이고 잠시 멈추는 시간을 가져봅시다. 가만히 앉아서 눈을 감고 숨을 쉬는데 집중할 수 있는 시간과 공간을 찾으세요. 생각의 흐름이 해야할 일에만 급하게 마음이 간다면, 그렇게 내버려 두세요. 하지만 의식적으로 그 생각을 다시 호흡과 몸의 감각으로 가져와 집중하고 순간에 존재하도록 노력하세요. (Headspace라는 앱을 다운로드하시고 쉬운 가이드부터 연습해보세요)

신앙심이 있다면 기도하세요. 당신의 감정, 그 흐름과 전반적인 기분에 관심을 가지고 자신과 이야기하세요. 당신의 삶에서 주님이 차지하는 곳을 인정하고, 주님의 의지로 마음을 열어 용서·성장·자유를 얻으세요. 주님의 치유 리더십과 품위, 진실의 권능을 구하고 내적인 장애물을 넘으세요. 이러한 장애물은 변화와 감정적인 성숙을 제한합니다.

의식적으로 멈추고 속도를 늦추는 연습을 꾸준히 하여 생각을 관리하는 것, 욕망을 소화하고 감정을 이해하는 것은 영혼을 보살피는 일입니다. 의식적으로 안식과 성숙을 도모하면 관계도 활성화됩니다. 더 나아가 하나의 문화로 가족을 더 크고 전반적인 균형·건강·염원으로 이끌 수 있고요. 이 중심이 단단하고 커질 때 사랑·명료함·용기·연민을 갖고 가족을 혁명적인 진실로 이끌게 됩니다. 우리는 현재 생산적으로 존재하는 방법을 배우고 변화하고 있습니다. 그 과정에서 혼이 담긴 삶이 당신을 지지하고 도전하게 할 것입니다.

9장: 변화로 인한 해방

성장을 중심으로 하는 가족은 자유를 열렬히 추구합니다. 그 열정은 태양과 같은 사랑과 영혼을 돌보는 실천이라는 근본 신념을 가지고 살아가는 마음에서 옵니다. 더이상 현실적이지 않은 문화·역사적(가족의 출신 등) 기대나 규율, 신념에 대항하는 분투와 승리에서 비로소 자유가 태어납니다. 이 자유가 두려움에 대항하지 못하고 무능한 가치를 중심으로 삼는 삶에서 우리를 해방시킵니다. 또한 우리가 가장 진실되며 최고 상태인 자아를 만들고 키울 수 있게 중심을 설정하는 삶도 선사합니다. 그렇게 성인으로서 성숙해지고, 가족이 번영하기 위한 진실성을 유지하게 되는 것이죠.

자유라는 것은 우리를 조직하는 원리를 심층적으로 변화시켜야 가능한데, 이는 결핍을 버리고 충족함의 마음 가짐을 받아들이는 것입니다. 결핍을 감각의 기본으로 삼는 경우, 불안감과 부족함의 공간에서만 움직이게 됩니다. 이는 존경과 정직의 마음으로 자신과 타인을 대하지 않습니다. 오히려 충분했던 적이 없다고 느끼고 결과에서도 모든 일에 항상 승자나 패자를 나눠 생각합니다. 또한 새로운 존재 방식과 자원을 시도하는 용기와 통찰력을 가지고 있지 않아 스스로의 잠재력에만 집중하게 됩니다.

그렇다면 이 결핍의 이야기에는 신념이 있나요? 린 트위스트(Lynne Twist)는 이를 "결핍의 신화적 주제(Mythic Themes of Scarcity)"라고 부릅니다.[13] 그리고 이는 문화, 가족, 개인에 의해 전파되고요.

"충분하지 않아."

"항상 많을수록 좋아."

"원래 그렇고 앞으로도 그럴 거야."

성경 속에는 한 남자와 여자가 유혹에 빠지는 이야기로 죄의 근원에 대해 그리고 있습니다. 그들은 거짓을 제안 받고 무언가 충분치 않다는 생각에 설득

---

[13] 린 트위스트(Lynne Twist), 돈의 영혼(*The Soul of Money*), 2003.

되고 맙니다. 창세기 3:5에 보면 뱀은 이렇게 말하고 있습니다. "너희가 그것을 먹는 날에는 너희 눈이 밝아져 하나님과 같이 되어 선악을 알 줄 하나님이 아심이니라." 즉, 그들은 아직도 보지 못한 것이 많고 신처럼 충분하지 않지 않다는 뜻이었죠. 현혹을 받아들이고 나니 그들은 부끄러움을 느끼고 스스로를 덮고자 합니다. 바로, 결핍이라는 거짓의 요지입니다. 이제 수세기를 거듭하면서 우리는 이 신화적 주제를 문화와 DNA 속에 뿌리 깊게 간직하고 있습니다.

이러한 주제를 우리 운영 체제인 영혼의 주요 코드로 받아들이면, 불행한 결과를 경험하게 됩니다: 불안·좌절·고통에 대한 역기능적 관리, 두려움, 수치심. 그리고 그 끝에는 타락과 절망이 있습니다. 결핍에 대한 감각이 지속되면, 내적인 소리와 감정, 관계의 성숙이 불가능합니다. 마음 속에 있는 확인되지 않은 신념과 규율은 종종 무의식중에 지혜와 창의성의 성장을 저해합니다. 나아가 자신과 타인의 마음을 희생하도록 강요하고 관계까지 망치게 되죠. 극단적인 경우 인간성의 말살이 한 사람의 번창과 안전에 문제가 되기도 합니다. 불안감, 걱정, 패닉은 결정과 행동을 실행하는데 있어서 분주함과 성과, 성취, 습득 같은 것을 우선시하게 만듭니다. 이는 안전함과 성공을 추구하는데도 마찬가지이고요. 이러한 행동은 가정에서나 직장에서 관계를 망가뜨립니다. 배우자는 신뢰와 친밀감을 잃게 되고 부모 자식은 멀어져 각자 자기 일만 하는 그런 상태가 되어버립니다. 또한 일이 우리 삶을 집어 삼켜버려 개인적 성공과 성취에 중요한 것들은 경시하게 됩니다. 가족과 친구에 대한 사랑과 신념, 전반적인 건강, 재정적 안정 같은 가치 말이죠.

이와는 반대로 충족은 항상 충분하다고 믿는 것입니다. 즉, "우리가 만드는 맥락과 선언, 인지로 모든 것이 충분하고 우리는 충분하다고 자각하는 경험입니다…. 이는 의식적·의도적으로 우리의 상황에 대한 인식을 선택하는 것이기도 합니다…. 충족함은 스스로 만들고 구별하는 행동으로, 스스로 내적 자원의 힘과 존재 자체를 아는 것입니다…. 충족한 상황에서는 자유와 온전함을 느낄 수 있습니다. 이는 갈망을 절박하게 추구하는 것이 아니라 온전함의 감각으로 삶에 임하는 것입니다."14 그 근저에서 "항상 충분하다", "적은 것이 낫다", "상황이 바뀔 수 있다/나는 바뀔 수 있다"라는 생각이 존재하는 것이죠. 이는 건강한 영혼이 주는 깊은 해방의 결과입니다. 이 이후에는 지금 여유가 있고 가능한 것에 대해서 더 인식하게 되고 태도도 개선되어 관점, 상황, 나아가 삶 자체까지 변화시키는 능력을 갖추게 됩니다.

변형의 자유는 결핍의 마음 가짐에서 충족의 마음 가짐으로, 신화를 삶에 해로운 것에서 생명이 있는 확신으로 대체하는 것입니다. 이는 두려움이 아닌 신념을 기반으로 배움의 기회를 이용하고 스스로를 해방시키는 것이며, 나아가 부유한 권한을 부여하는 것입니다. 비겁함이 아니라 용기를 가지고, 아무나 할 수는 없지만 필요한 임무를 해내는 것. 불안에서 확신으로. 무관심에서 열정으로. 거짓된 통제에서 진정한 자유로. 이 모든 것이 연약한 인간의 힘으로 건강하고 지속 가능한 성장과 번영을 따르는 것입니다.

모든 것은 약함에서 시작됩니다. 욕구, 가능성, 한계, 도전, 실패, 기쁨, 고통, 평화, 혼란, 두려움, 심지어 영원한 삶과 사랑에 대한 개방까지. 이것이 인간의 진정한 삶이자 복잡하고 풍부한 삶이겠죠. 우리가 이 중의 하나라도 잃게 되면 우리의 영혼은 분열되고 사랑과 번영의 능력도 잃게 됩니다. 개방성은 용기를 동반하는 선택이지만, 전능한 힘에 대한 믿음과 용기를 만들어내기도 합니다. 우리는 그 힘으로 자신과 그 외 모든 것을 구제하고 변화시킬 수 있습니다. 이러한 진실에 복종하면 자신의 이야기를 근본적으로 바꾸고 열정과 가치를 해방시켜 심오하고 강력한 욕구를 충족시키게 됩니다.

이러한 자유는 물론 자연적으로 얻어지지는 않습니다. 사실 굉장히 부자연스럽고, 어쩌면 초자연적이어서 본질적인 변혁이 있어야만 가능할지도 모릅

---

14 린 트위스트(Lynne Twist), 돈의 영혼(*The Soul of Money*), p.73-74, 2003.

니다. 영혼을 해방시키는 힘은 사랑에 대한 기본적인 두려움이기도 합니다. 중대하고 진실된 변화는 무기력하면서도 빠르기 때문에 강하다고 해서 이룰 수 있는 것이 아닙니다. 오히려 영혼의 안식으로 가능한 일입니다. 이 핵심으로 겸손·명료함·창의력·진실된 욕망·인내심·책임을 지향하는 개방성이 지속 가능하고 건강한 삶을 만들어냅니다. 바로 성장 중심 가족입니다.

그렇다면 어디서 시작할 수 있을까요? 달라스 윌라드(Dallas Willard)는 "서두르는 마음은 가차 없이 버려라"라고 지적합니다. 이는 일상 생활 및 장단기 목표에 적용해볼 수 있습니다. 왜 그래야 할까요? 효과적으로 생각해서 이야기와 감정을 통제하는 본능에 대항하고 중심에까지 영향을 주기 위해서는 안식의 구조가 필요하기 때문입니다. 이는 우리의 관계·자원·시간 관리 방법에도 직접적인 변화를 가져옵니다. 하지만 그 자체는 비워두는 것이 중요합니다. 성경(히브리서 4:11)에 보면 "그러므로 우리가 저 안식에 들어가기를 힘쓸지니 이는 누구든지 저 순종하지 아니하는 본에 빠지지 않게 하려 함이라."이라고 나와 있습니다. 여기서 불복종은 이스라엘이 주님의 안식과 약속의 땅으로 들어가길 거부한 것을 의미합니다. 이 때, 국가적으로 거절을 했다 하는데, 이로써 "충분하지 않음"의 철학을 세뇌시키는 집단이 가지는 문화적 영향은 엄청나다는 것을 알 수 있습니다. 이러한 영향을 받으면 영혼이 담긴 안식과 자유의 삶을 갖기 어렵습니다. '모두가 그렇게 한다'는 생각이 우리의 영혼에서 찾아볼 수 있는 가장 굳건한 반대의 힘으로 작용하기 때문입니다.

거대하고 밀집된 사회나 문화는 작은 단위의 가족 공간 형성에 있어서 영향을 끼칩니다. 우리 모두는 키워준 사람에게서 근본적인 영향을 받기 때문이죠. 그래서 개인의 역사에서 이 부분이 자아를 결정하는데 큰 요소이고, 삶에도 어느 정도 영향을 미칩니다. 환경과 통찰력으로 만들어진 우리의 이야기는 시간과 자원을 관리하고 우선시하는 방법을 결정합니다. 이러한 방법을 오랫동안 지속하면 이야기와 행동은 그런 문화를 만들어내고요. 사실 이를 완전히 피하기는 어렵습니다. 그런 의미에서 우리는 모두 창조자이며 영향을 받는 존재라고 할 수 있습니다. 만약 우리를 제한하는 문화만 보고 살아왔다면, 스스로도 무관심·낮은 기대치·낮은 자격·불신·두려움·조종하려는 마음만 키우기 마련입니다. 반면 우리를 지지하고 도전하는 문화 속에서 살아왔다면, 권한과 기회를 부여하는 사람이 될 수 있을 것입니다.

하지만 물론 반문화적인 지혜도 있기 마련이기에, 달라스 윌라드는 직관에 반대되는 전략도 제시합니다. "급한 마음은 가차 없이 버려라. 속도를 줄여라. 그것이 바로 우리의 영혼에게 절박하게 필요한 것이다." 우리가 명상이나 기도를 시작했다면, 궁극적으로 원하는 삶을 꿈꾸고 마음 속에 비전을 그리면서 속도를 줄이세요. 성취하는 삶의 5가지 F와 관련한 목표를 리스트로 적어보세요: 신념(Faith), 가족(Family), 친구(Friends), 건강(Fitness), 재정(Finances). (제임스 한스베르그(James Hansberger)가 제안함 - 모건 스탠리사의 오랜 자산 관리 전문가) 이 5F를 이용해 꿈을 만들고 일상생활과 단기적 목표를 이룰 때 느끼는 기쁨을 평가해볼 수 있습니다(90일, 6개월, 12개월 등). 이들이 최상위 목표와 방향을 나란히 하고 있나요? 이 과정을 너무 급하게 실천하려 할 필요는 없습니다. 영혼이 강인해지고 중요한 가치가 뚜렷해지면, 자신만의 조직 원리는 더 분명해지기 때문입니다. 다만 충족함으로 나아가지 못하게 하는 방해 요소는 가차 없이 제거하세요. 이러한 연습의 결과가 적은 것이 더 나은 것이 될 수 있는지 알려줄 것입니다. 또 중요한 것에 집중할 수 있는 우리를 만들 것입니다.

마가복음 8:36에서 예수님은 이렇게 말씀하셨습니다. "사람이 만일 온 천하를 얻고도 자기 목숨을 잃으면 무엇이 유익하리요?" 이 말씀은 단순히 사후 세계에 대해서 말한 것만은 아닙니다. 그는 건강과 행복을 위한 내적인 삶의 가치를 지적한 것이었습니다. 우리는 내적인 삶을 부정하거나 희생해서는 안 됩니다. 이는 건강하지 않은 관계를 낳고, 지속 가능한 성공을 이루는 능력도 잃게 만들기 때문입니다. 영혼을 앗아가면 우리는 역기능과 절망에 빠져 순응과 공모, 부패의 암적인 삶으로 고통 받습니다. 영혼을 주는 댓가로 세상을 얻거나 유지하는 것. 이는 인간이 흔히 저지르는 실패입니다.

가족의 리더가 되어 가정을 만들기 위해서 부모는 충족된 욕구라는 큰 기반이 있어야 합니다. 여기에는 생리적인 욕구부터 자존감에 대한 욕구까지 포함되고요. 부모로서 번영을 위해 우리의 부모나 문화가 내린 정의가 아닌, 스스로가 믿는 진정한 자아를 깨닫고 행동해야 합니다. 그렇게 하는 것이 왜 중요할까요? 회사와 시장에서 효과적인 리더십과 그 관리는 정확한 평가와 역동적인 조건의 이해에 따라 다르기 때문입니다. 가족 구성원에게 진정한 지식이 더 중요합니다. 부모는 가족에게 일어나는 일뿐 아니라 사회나 문화에서 전반적으로 일어나는 일도 알지 못할 수도 있습니다. 대부분 그들이 관찰하는 것은 피상적이거나 추측에 근거합니다. 그래서 부모가 개성을 잘 파악하는 것이 중요합니다. 이런 부모의 능력이 증명되지 않았다면 우리가 왜 그들의 육아방식에 따라야 할까요? 우리는 그들의 의견을 참고할 수는 있지만 따라야 할 의무는 없습니다.

리처드 바렛(Richard Barrett)[15]은 인간 의식 진화의 중요 단계를 정리했습니다: 그것은 개인화 과정으로, 우리가 성숙을 저해하는 부모의 문화적 기대치를 버리는 것이 연습이 가능하다는 것입니다. 구식 규율과 제한적인 신념을 놓아버리면 개인은 변화합니다. 근본적인 자유 없이는 우리 스스로가 부모가 되어서도 분투해야 할 뿐 아니라, 진정한 목표와 가치가 이끄는 삶을 기대하기도 어렵습니다. 또한 뜻과 마음이 통하는 타인과 협력·조정도 못하고, 세계에 대한 영향력도 키우지 못합니다. 세계는, 그리고 더 중요하게도 가족은 우리의 문화 유산을 잃어버리게 될 것입니다. 그리고 이러한 유산은 우리에게 인간으로서 가장 큰 선물이자 사랑, 용기라는 힘입니다.

---

[15] https://www.valuescentre.com/sites/default/files/uploads/The_Seven_Stages_of_Psychological_Development.pdf

개인적인 변화는 어떤 특정 사건이 아니라 평생에 걸친 진보 과정이자 성숙의 필수적인 요건입니다. 이는 심리적인 발달의 하위 3단계와 상위 3단계로 나뉘어집니다(그림 참조). 이 과정이 잘 진행되면 그 다음 연속적인 재생과 성장이 추가되어 변화와 적응, 안내와 관리의 권한을 가지게 됩니다. 이 단계는 '삶의 계절'에 따르는 단계입니다. 우리는 스스로의 영혼과 타인, 신과 연결하게 됩니다. 더 나아가 욕구 충족 방식, 심리·사회적인 단계와 각 도전의 극복 방식, 더 위대하고 지속 가능하고 건강한 리더십 발달 방식을 키웁니다. 가장 중요한 효과는 이 발달 과정으로 잠재력을 최대로 발현해 가장 의미 있는 삶을 만드는 것입니다.

변화는 정신적이고 감정적인 일일 뿐 아니라 시간 관리, 결정의 변경과 그 결과이기도 합니다. 여기서 결정이란 매우 중요하며, 고난의 시기에 우리가 진실된 자세로 이끌 수 있는 능력에 대한 결정입니다. 그래서 자신감을 얻을 수 있게 도와줍니다. 또한 그 결정의 변경은 건강한 발전을 우선시하는 가치·사상·결정에 헌신하도록 합니다. 그래서 서로와, 세계와 연결되어 보완하는 진화 단계를 거쳐 인류 역사와 우리 스스로의 이야기까지 의미 있게 만들어 냅니다.

어떻게 이 모든 것이 가능할까요? 우리가 스스로를 나약하게 만들면서도 가장 중요한 것이 무엇인지 깨달으면, 우리는 나아가야 할 길을 지각하고 더 크게 성장합니다. 이는 우리의 감정, 스스로에게 하는 이야기, 정보에 대한 우리의 해석을 포함합니다. 그리고 모든 뜻, 마음 가짐, 정신, 본능을 모아 스스로가 하루를 어떻게 계획하고 싶은지에 대해서 조정하게 됩니다. 그렇게 지속적으로 건강한 습관과 일상을 가지면 몸과 마음에도 영향을 끼치게 되고요.

약해지고 명확해지고, 세가지 "마음 상태"를 나란히 하는 것은 욕구를 충족시키는 데 도움이 됩니다. 그리고 이어서 가치도 자유롭게 구현할 수 있습니다. 즉, 우리가 인생을 바꿀만한 선택을 할 때 가능성의 세계를 열고, 우리가 가족과 스스로를 위해 진정으로 원하는 삶과 환경을 만들 수 있게 도와주죠. 어떤 한 가지 곤란한 한 선택에 묶이지 않고, 탐험하고 배우며 변화하고 이동할 수 있는 자유를 얻게 됩니다.

또한 문제 해결 능력도 키울 수 있습니다. 특히 삶의 중요한 문제들, 적극적으로 자신의 맹세를 따르는 것, 성공적으로 아이들을 키우는 것, 삶의 선택을 지휘하는 것, 가족에게 긍정적인 영향을 주는 것, 자신의 재능과 힘으로 세계에 도움을 주는 것 등. 이는 사회와 문화를 혁신할 수 있는 잠재력과 혜택을 모두에게 선사하는, 건강하고 의미 있는 역학 관계를 향한 권력 구조도 만들 수 있습니다.

변화는 당신을 지속적으로 배움·재생·발전의 삶으로 이끕니다. 건강하고 지속 가능한 긍정적인 성장. 우리는 항상 자신과 같은 타인을 찾는 그런 기본적인 사고 방식에서 벗어나 다양성을 받아들이고 문화적 역기능 같은 도전과 시련을 극복할 수 있습니다.

마지막으로, 변화는 가장 중요한 목표를 위한 헌신을 가능하게 합니다. 영혼에 활력이 생기면 사랑하는 사람과의 유대도 깊어져 내적 화합과 외적 협력이 강해집니다. 그렇게 당신의 투지도 한 층 더 새로워지죠. 우리는 인내심을 더 키울 수 있을 뿐, 속도와 명료성으로 궤도 수정이 필요할 때 더 신속한 진행 및 효과적 수행을 할 것입니다. 이러한 결과가 가족에게는 어떤 의미가 있을까요? 당신은 삶의 각 단계, 영아기부터 유아기까지, 불안에서 성인의 자세로 발전하여 배우자와 아이들에게 활발한 사람으로 존재하게 됩니다. 우리는 부모가 되면서 청년에서 장년으로 성장하고, 친밀감에서 생식성과 온전함을 키워나갑니다. 사랑하는 사람은 우리의 헌신을 바라며 성장의 모든 기쁨과 고통을 함께 하길 원합니다. 하지만 시간이 지나면서 가족의 욕구도 변하고 우리의 리더십과 관리 능력도 복잡하게 변할 것입니다. 이 때 성공하는 헌신이 융통성·용기·품위·지혜를 필요로 할 것입니다.

변화는 우리에게 사랑하는 사람의 욕구를 충족시킬 힘을 부여합니다. 그래서 욕구가 충족되지 않거나 이로움이 없을 때, 혼란스럽고 해로운 상황에서 우리를 지키기도 합니다. 이로써 우리는 더이상 기본적인 욕구 충족에 대한 지각이나 거짓된 자산의 헛된 추구에만 집착하지 않고, 선견지명으로 가족을 섬기는 리더가 될 것입니다.

당신이 삶의 변화를 원하지만 경험이 없다면, 배우면 됩니다. 고통에 관심을 가져보세요. 어떤 고통이든 좋습니다. 육체적·감정적·관계적·조직적 고통 모두 좋습니다. 시간을 가지고 그 뿌리를 찾아보세요. 부정하고 무시하거나 피하고 약물을 쓰는 방식으로 주의를 돌리지 마세요. 모른 척도 이제 그만하세요. 자아의 기반에 싱크홀이 있는 것 같이 느껴지면, 용기를 내어 확인하고 조사하고 배움과 성장의 자세로 도움을 요청하세요. 대담하게 한 발을 내딛으세요.

두려움과 불안감은 계속 같은 일만 하게 만듭니다. 우리가 햄스터의 쳇바퀴에서 벗어날 수 있게 하는 것이 무엇일까요? 어떤 일이 일어나든 항상 그 결과는 좋을 것이라고 생각해야 합니다. 그렇게 실패에 대한 두려움을 털고 일어나 다시 시도할 수 있는 자신감을 키워야 합니다. 새로운 것을 시도하고 배우고, 더 향상시키려고 노력해보세요. 최고의 해결책을 발견하는 것이 진정한 변화의 깊은 의미입니다.

변화는 우리가 거대한 목표를 발견하고 만들어나가는 사람이 되게 합니다. 결과뿐 아니라 그 수단도 마찬가지죠. 변화는 순응으로부터 우리를 분리하고 창조자가 되게 합니다. 이는 영감·혁신·실천을 찾는 더 좋은 방법에 대한 일입니다. 그렇게 기회에 적응하고 그 기회를 이용할 수 있게 말이죠. 또한 그 기회는 우리에게 신뢰와 사랑의 무결함과 지혜를 크게 하는 능력을 주어 두 가지 멈출 수 없는 비전을 제공합니다:

당신이 되고 싶은 사람—중심 가치와 신념이 이데올로기와 정신적 모델, 세계관과 연결되는 사람.

당신이 살고 싶은 삶—성취를 중심으로 이데올로기·정신적 모델·세계관을 연결하여 끊임 없이 성공하는 삶.

이런 불가항력적인 힘이 우리와 가족, 조직에게는 어떤 힘을 가할까요? 그들은 무슨 일이 일어나든 우리는 가장 중요한 일을 해야 할 것입니다. 이 정도의 자신감은 건강한 영혼, 본능, 마음 가짐으로 가능합니다. 단순히 생각만 해서 될 일은 아니죠. 이는 일상적으로 위대한 인내와 용기를 만드는 일입니다. 이는 미래의 가능성에 대해 준비하고 변화하도록 개방적인 자세를 유지합니다. 반면에 고결하지 않은 목표는 선택권을 차단하고 관계를 당황스럽게 만들거나 타협의 대상으로 취급하는 결과를 낳습니다. 궁극적으로는 우리가 진정으로 원하는 것에 대한 희망을 파괴하죠.

거대한 최종 목표는 우리가 (자발적·타의적으로) 속도를 줄이고 아드레날린과 분석을 멈출 때 발현될 수 있습니다. 지혜를 요구하고 복잡한 삶의 도전으로 방향을 잡게 합니다. 이는 관계적·감정적 성숙을 중시하는 탐험을 수반하기 마련이고요. 전능한 최종 목표를 이루는 것은 평범한 문화적인 규범으로부터의 철저한 혁신을 요구합니다. 진을 빼는 경쟁을 겪어야 할 수도 있고 기회와 자원을 끊임 없이 추구해야 합니다. 즉, 용감하고 어려운 선택의 순간이 옵니다.

서두르는 자세를 제거함으로써 우리는 직관에 어긋나는 진실들을 배우고 사전에 자유를 추구할 수 있습니다. 2015년 윌로우 크릭 글로벌 리더십 서밋(Willow Creek Global Leadership Summit)에서 빌 하이벨스(Bill Hybels, 윌로우 크릭 교회의 담임 목사)는 창의력의 지속 가능한 문화에 대해서 에드 캣멀(Ed Catmull, 픽사 스튜디오 회장)을 인터뷰했습니다. 세션이 끝나갈 때 즈음, 두 사람은 주기적으로 모든 일상에서 벗어나는 기회를 만드는 것이 중요하다고(최소 4,5일) 공감했습니다. 이는 복잡한 마음을 정리하고 고요함에 마음을 열기 위한 것이며, 자신이 수다스러운 사람이 아니라 영원한 영혼임을 상기시키기 위한 시간입니다. 이때 우리의 영혼은 성과와 생산성으로부터 벗어나 사랑 받고 아낌을 받는 존재입니다. 이 두 인사는 스스로에게 가장 중요한 것에 관심을 가지는 것이 필요하다고 단언했습니다.

영혼을 섬기기 위한 공간과 시간을 마련하세요. 가족과 삶에서 정원사의 역할을 자처하세요. 당신의 환경과 구조를 재창조하세요. 당신의 관계에 새로운 활기를 불어넣으세요. 삶에 부족함이 아닌 충족함으로 다시 삶을 가다듬으세요. 당신의 인식을 용기와 정직함으로, 건강한 연민으로, 자애로운 행동으로, 창의적인 문제 해결력으로 변화시키세요. 더 깊은 문제와 더 큰 목표를 이루는 운영 과정을 조직하세요. 이런 내적 회복과 변화를 위한 시간을 마련하지 않으면 그 반대의 상황을 맞닥뜨릴 것입니다. 타인의 기대, 성과와 생산력에 대한 압박, 제한적인 신념, 구시대적 규율로 인한 파멸이 올 겁니다. 처음에 문제를 만들었던 그 마음 가짐으로 문제를 해결하려 하면, 결국 우리는 영원히 그 방식으로만 삶을 살게 될 것입니다. 가장 소중한 연대는 무너지고 두려움만 가득한 채로 불안한 행동만 계속 할 것입니다. 또 변화로서만 가능한 성숙·유산·통합의 공동체 성장도 놓치고 말 것입니다.

당신이 자유의 길을 간다면, 내적 삶의 혁명에 도전하고 극복하여 영혼도 강해질 것입니다. 이 유대는 타인과 신, 스스로와의 연결입니다. 현실에서는 갈등이 일어날 때마다 그 유대는 불가능해 보입니다. 마음에 상처와 스트레스를 받으며, 신뢰도 무너지고 쓰린 말을 반복해서 두려움이 우리를 덮칠 수도 있습니다. 많은 가족들이 실제로 이런 일을 겪고 있고요. 이는 안정적인 태도와 솔직한 소통 능력이 부족하기 때문입니다. 현실에 기반을 두고 풍족하다고 느끼는 것은 타인과의 안전한 유대에 기반이 됩니다. 밀란과 카이 예르코비치

(Milan and Kay Yerkovich)[16]는 다음과 같은 방식으로 안정적인 유대를 정리했습니다:

- 나는 감정의 범위가 넓고 적절하게 표현한다.
- 나는 필요할 때 타인에게 도움을 요청하고 받는 것이 쉽다.
- 나는 설령 상대방을 화나게 할지라도 '안돼요'라는 말을 할 수 있다.
- 나는 모험심이 강하고 상황을 즐길 줄 안다.

나는 내가 완벽하지 않음을 알고 사랑하는 사람에게 나와 동의하지 않을 자유를 준다.

이런 사람이 되는 것은 안정을 의미하지만 새롭고 신선하기도 합니다. 변화하고, 자유롭죠. 이런 가치와 기술은 건강한 부모의 전략으로, 다른 관리의 형식에도 필수적인 요소입니다. 우리는 이런 건강한 연결자에 의해서 축복받음으로써, 성숙하고 균형적인 성인이 되어 건강한 리더십의 비결을 깨달을 것입니다. 이해와 능숙함이 없으면 감정적으로 어려운 상황을 헤쳐나가기 힘듭니다. 그럼 우리는 미성숙하거나 결핍을 기반으로 한 현실(models of reality - M.O.R.)에서 자유롭지 못하죠.

현실은 반응을 결정하는 가치와 신념으로 구성되며, 선택에 대한 규칙과 태도를 만듭니다. 이는 삶의 철학이나 이데올로기와 다르지 않습니다. 인간의 무의식적인 기본 구조로 우리의 인식을 구성하고 반사적인 반응을 만들죠. 또한 이야기를 쓰는 것과 같은 영혼의 또 다른 능력이기도 합니다. 그렇게 현실로 어린 시절 만들어지고 무의식적인 운영 체제로 굳어져 우리의 바탕에서 하나의 원칙처럼 돌아갑니다. 모든 데이터와 경험으로 "큰 그림"을 그려내죠.

---

[16] https://www.howwelove.com/love-styles/

청소년기 우리 현실은 근본적인 재조직을 거칩니다. 아이에서 어른의 현실로의 완전한 탈바꿈. 이상적으로 보면 이는 감정적으로 건강한 부모의 지원과 도전으로 개인의 개성을 반영합니다. 또 그렇지 않을 수도 있습니다. 엄마와 아빠가 건강한 내적인 삶을 만드는 중심을 가지고 있지 않으면, 여러 요소들이 청소년기에 부정적으로 영향을 끼칠 수 있기 때문입니다.

우리가 해방되지 않은 사람이라면, 그건 변화를 경험하지 못했다는 뜻입니다. 생각 및 행동 방식을 바꾸지 않았기 때문에 변화하지 못한 것이고요. 우리가 서두르는 자세를 가차 없이 버리지 못했기 때문에 변화하지 못한 것입니다. 또 우리는 결핍에 사로잡혀 쉼 없이 돌아가기 때문에 서두르는 자세를 버리지 못한 것입니다. 서두르지 않는 삶을 살지 않고는, 자기 반영성[17], 메타인지 능력(한걸음 물러나 스스로를 반성하고 돌아보는 과정)을 실천하지 못하는 에 머무릅니다. 우리는 스스로가 누군지, 무엇인지, 어디를 향해 가는지에 대해서 깊이 생각해볼 줄 알아야 하고, 현실이 이 모든 것을 이끌어갑니다.

당신에게 현실의 모델과 그 신념은 무엇이고 고통·스트레스·두려움·투지에 반응하는 무의식적인 시각은 무엇입니까?

다음은 기본 본능적 신념의 예시입니다:
- 나는 원하는 것을 원하는 때에 받을 때만 사랑 받고 받아들여질 자격이 있다.
- 나는 내가 완벽할 때에만 사랑 받고 받아들여질 자격이 있다.
- 나는 위대한 성공을 이루었을 때만 가치가 있다.
- 나는 경제적으로 부유할 때만 행복하고 안전하다.

---

[17] 메릴린 만데라 슐리츠(Marilyn Mandala Schlitz), 카산드라 비에틴(Cassandra Vieten), 티나 아모록(Tina Amorok), 더 깊이 살아가기: 일상 생활에서의 예술과 과학의 변형(Living Deeply: The Art and Science of Transformation in Everyday Life), 2008.

- 나는 타인이 나에게 동의하지 않거나 내 생각을 거부할 때 혐오와 굴욕감을 느낀다.

여러분은 아마 그에 상응하는 행동을 쉽게 상상해볼 수 있을 겁니다. 당신의 신념이 "나는 원하는 것을 원하는 때에 받을 때만 사랑 받고 받아들여질 자격이 있다" 라면 그 규칙은 "내가 원하는 것을 가지면 나는 가치가 있다"입니다. 혹은 신념이 "나는 내가 완벽할 때에만 사랑 받고 받아들여질 자격이 있다" 라면, 그 계명은 "수단과 방법을 가리지 말고 완벽함을 위해 노력하라"일 것입니다. 이러한 신념들은 불균형하게 우선 순위를 정하는 문화와 선의를 가진 부모에 의해 무의식중에 만들어집니다. 그들은 보통 배경에서 흐릿하게 작동하고, 갈등을 해결할 때나 타인을 보살필 때, 시간과 자원을 관리할 때 나타납니다.

이런 규칙들과 행동이 어떤 결과를 낳을까요? 경계를 긋는 것은 만족감이 자신과 타인의 안녕을 희생하고 확보되기 때문에 건강하지 않습니다. 스스로를 아끼고 완벽함을 추구하는 것이 잘못되진 않았지만, 그러한 목표가 가치와 묶이면 우리를 유지하는 경계선과 관계는 쉽게 무시합니다. 그 때 바로 건강이 고통 받게 되죠.

우리의 현실이 업데이트되어야 한다는 것을 어떻게 알 수 있을까요? 여기 그 타이밍을 알려주는 근거들을 나열해보았습니다:
- 우리는 건강하지 않은 행동과 패턴, 관계에 갇혀 있다.
- 우리의 결정이 사랑보다 두려움을 기반으로 한다.
- 우리는 감정을 추스리기 위해 힘겹게 노력한다.
- 우리는 삶의 다양한 균형 포인트에서 변화·진화·성숙하지 않는다(사랑, 관계, 우정, 모험, 환경, 건강, 지적인 삶, 기술, 영적인 삶, 커리어와 사업, 창의력, 가족 생활, 공동체 생활).

지표들은 부정적인 상황에만 있진 않습니다. 아마 아래와 같은 현상도 겪을 수 있죠:

- 우리는 더 큰 사랑, 기쁨, 평화, 희망을 원한다.
- 우리는 가정과 직장에서 최선을 다하기 위해 더 큰 자유가 필요하다.
- 우리는 삶의 복잡성을 솔직하게 따지고 의미와 행복, 성공을 키운다.

사실 우리는 흔한 경우에 내부의 구식 코드로만 작동하고 타인을 의식하지 않습니다. 또한 이를 그대로 받아들이고 도전 정신 없이 우리에게 명령하도록 내버려두기도 하고요. 만약 두려움·피로·불안감·바쁜 리듬 때문에 주의가 산만한 것이라면, 이런 규칙을 평가하고 쇄신할 기회가 없었을 수도 있습니다. 자신도 모르게 앞으로 나아가는 것에만 집중했을 수도 있고요.

자, 일단 불필요한 삶의 질서를 확인했다면, 그 다음 단계는 무엇일까요? 먼저, 그 근원을 이해해야 합니다:

- 지휘권을 가진 인사(부모, 선생님, 어른)
- 문화(성적 역할, 성공의 의미)
- 힘, 안전, 중요성에 대한 언론의 묘사

상기 근원들은 보통 선의를 가지고 있고, 좋든 나쁘든 삶의 이른 시기에 자리잡습니다. 시간이 지나면서 우리가 이를 재확인·평가해서 스스로 그 효용성을 결정하는 과정을 겪지 않으면 그대로 우리 삶 깊이 자리잡게 됩니다.

혹은 걱정과 두려움, 실패 및 고통 같이 스트레스 받는 환경에서 계속 살아왔기 때문에 그에 대한 반응으로 이런 자원을 키워왔을 수도 있습니다. 기본 코드에 통제 당하면 그로써 장기적인 패턴과 경험을 만듭니다. 이들을 제거하고 정상적이라고 느껴지지 않는 일을 해보세요. 물론 편하지는 않을 겁니다. 색다르거나 귀찮게 느껴질 수도 있습니다.

하지만 진정한 성장, 변화, 건강한 성숙을 진지하게 고려한다면, 규칙을 바꾸는 과정을 지속하면서 더 큰 자유·기쁨·안식을 얻을 수 있습니다. 다음은 운영 체제를 올바르게 인식하고 업데이트 하는 12가지 방법입니다:

1. 휴식과 잠으로 잠시 조용하게 한발자국 물러서니
2. 개선된 식단과 건강
3. 명상
4. 실천할 때까지 그런 척하기
5. 새로운 가족이나 공동체 일원이 되기
6. 이사나 이동
7. 커리어 변경
8. 상담이나 코칭
9. 건강하지 않은 사람들에게서 벗어나기
10. 교육
11. 재창조
12. 회복 및 리더십 발전 같은 변화 프로그램

이런 활동이 필수적인 것은 아니지만 기본 현실에 대한 집중이 이 활동이 만들어내는 것입니다. 바로 부정적인 통제에 대한 인식, 뿌리 깊은 저항에 대항, 그의 타도죠. 규칙이 오랜 기간 단단히 굳어져 있는 것은 흔합니다. 그렇다고 해서 새로운 코드로 바로 바꾸는 것만이 능사는 아닐 수도 있습니다. 즉, 그 과정을 위한 계획은 며칠이 아니라 몇 주가 될 수도 있고, 몇 달이나 몇 년이 걸릴 수도 있습니다. 물론 쉽지 않을테지만 시도해 볼만한 가치는 충분히 있습니다.

무의미해진 결정과 모델을 바꾸는 것은 미래의 질을 향상시키는데 필수적입니다. 개인적·전문적으로 가족의 미래에도 이 과정은 가장 중요합니다. 이를 소홀히 하면 삶의 안녕·성과·영향·기여 모두 고통 받을 것입니다.

우리의 삶의 코드를 변화시키려면 하는 일을 통해 스스로와 대화해야 합니다. 예를 들어 하루 종일 앉아 있는다면, 이는 몸에게 근육이 필요하지 않다고 말하는 것과 같습니다. 지속적으로 식사를 거르고 먹는 양을 줄이면 신진대사에게 속도를 늦추라고 하는 것과 마찬가지고요. 혼자 있기를 선택하는 것은 우리의 마음에게 사랑이 필요하지 않다고 말하는 것입니다. 우리가 항상 바쁘면 이는 영혼에게 다 상관없다고 말하는 것이고요. 이해가 되시겠죠?

우리의 행동과 원하는 결과를 연결하는 것은 중요합니다. 직장에서든 가정에서든, 우리의 프로젝트에서든 관계에서든 말이죠. 우리의 몸에 강력한 메시지를 전달하는 훌륭한 행동의 예로는 다음과 같은 것들이 있습니다: 근력 강화 운동. 다수의 관절을 포함시키는 저항성 운동은(웨이트와 함께 하는 스쿼트) 근육과 골절에 힘을 줍니다. 이는 몸에 "테스토스테론을 만들어내라. 근육이 더 필요하다!"고 말하는 것이죠.

하지만 여기서 멈추지 맙시다. 우리의 마음과 영혼에도 "생기를 불어 넣는 신뢰로 사랑을 더 만들어라"라고 말합시다. 관절을 다수 포함하는 운동이 정신적·감정적·영적 시스템에 전부 짐을 지우는 힘을 만들 수 있을까요? 무엇을 규칙적으로 해야 마음·영혼·몸의 체력을 회복시킬 수 있을까요?

- 서로를 즐길 수 있는 시간을 가지세요.
- 충분한 휴식을 누리고 이를 우선시하세요.
- 약함, 용기, 연민, 공감능력을 훈련함으로써 상호 신뢰를 깊이 쌓으세요.
- 용서하고 용서받으세요.

우리가 지속적으로 이런 일을 하면 존재 자체에 가장 중요한 것을 추구하라는 메시지를 보내게 됩니다. 시간을 갖고 똑바로 현실을 확인하고 발전시켜 사랑하는 사람과 더 풍부한 관계, 더 큰 기쁨을 누리세요. 높은 수준의 건강과 삶의 균형을 잡으세요. 가장 중요한 것에 규칙적으로 투자하고 당신의 현실을 다지고 성장시키는 일을 하세요.

자유란 진정한 사랑을 측정할 수 있는 근거이며, 이를 위해 진정한 자유를 가질 수 있는 현실이 필요합니다. 사랑이 진실되면 사랑하는 이와 사랑 받는 이 모두 자유를 얻게 됩니다. 우리를 노예로 만들고 탄압하는 것으로부터의 해방. 성숙해지는 자유. 이런 자유는 어떤 모습일까요? 여기 그에 대한 리스트가 있습니다[18]:

- 편안함·친밀감·용서·자비를 명료하고 직접적으로, 또 솔직하게 해서 필요한 것을 요구하는 자유
- 자신의 생각과 감정을 인지·관리하고 책임을 지는 자유.
- 스트레스가 있는 상황에서도 적대적이지 않고 자신만의 신념과 가치를 표현할 수 있는 자유.
- 타인을 바꾸지 않고 존중하는 자유.
- 사람들이 실수를 저지르고 그를 통해 배울 수 있는 여지를 주는 자유.
- 사람들을 좋든 나쁘든 추하든 있는 그대로 인정하는 자유.
- 자신의 한계·강점·약점을 평가하고 타인과 이를 토론할 수 있는 자유.
- 자신의 감정적 세계와 일치하여 타인에 대한 감정·욕구·걱정을 가지면서도 스스로를 잃지 않을 수 있는 자유.
- 성숙한 방식으로 갈등을 해결하고 타인의 시각을 고려하는 해결 방법을 협상하는 자유.

---

[18] 피터 스카지로(Peter Scazzero), 정서적으로 건강한 영성*(Emotionally Healthy Spirituality)*, 2014.

우리가 자신과 타인을 진정으로 사랑한다면, 그 자유를 얻어낼 수 있습니다. 당신은 얼마나 자유로운가요? 타인을 더 사랑하기 전에 스스로가 깊이 사랑 받고 있다고 감히 말할 수 있나요? 나는 미움을 받지 않고 있으며, 타인을 번영하게 하는 것은 많은 시간과 노력이 드는 일일 뿐이라고 말하지 않을 수 있나요?

권력을 가진 사람들이 중요한 것을 놓치는 이유가 바로 이런 것일까요? 사람들은 왜 스스로와 그들이 섬기는 사람들, 심지어 가족의 장기적인 안녕을 소홀히 하는 결정을 내릴까요? 그들은 스스로의 영혼과 연결하지 못했고 타인과의 의미 있는 연대 능력도 잃어버렸습니다. 그런 연대가 없으면, 우리는 순응·경쟁·공모에 좌절하면서 점차 삶의 가치에만 맹목적으로 매달리고 필수적인 관계의 가치도 입증하려 합니다. 이러한 사회적인 환경에서 개인과 가족은 사업적 욕구와 성공을 이룰 수 없고요. 이는 실제로 역사적으로도 흔하게 일어나는 비극입니다.

반면에 새로운 현실로 변화한 사람들은 용감하고 연민 어린 결정을 내려 가족과 조직을 해방시키고 더 위대한 안녕과 성공을 타인과 함께 이뤄냅니다. 그들은 모두를 번영하게 하는 권한과 기회를 부여하는 문화까지 창조합니다.

이 장에서 우리는 성장 중심 가족이 되기 위한 중요한 비결인 변화에 대해서 알아보았습니다. 여러분도 영혼과 가족을 위해 변화하기를 강력하게 권해 드립니다. 3부에서는 이 과정을 더 깊이 실천할 수 있는 활동을 공유할 예정입니다. 이 모든 것이 여러분에게 새롭다면, 여러분에게 그 활동이 원동력이 되어 근본적인 부활을 가져다 주기를 바랍니다. 그 활동들이 익숙하다면, 더 깊이 몰입하고 진정으로 풍부한 삶을 즐기시라고 제가 기도하겠습니다.

*10*장: 자유를 주는 관계

"리더십이란 리더가 있음으로해서 다른 사람들이 나아지도록 하고, 리더가 없어도 그 영향력이 지속되게 하는 것이다." 셰릴 샌드버그(Sheryl Sandberg), 페이스북 최고운영책임자(COO)

우리는 영혼이 충만한 중심으로 변화합니다. 그리고 차이를 만들 수 있습니다. 긍정적이고 중대한 영향을 끼치는 것은 진실된 리더십에 있어서 높은 단계의 동기입니다. 우리는 최고를 제공하여 가족의 삶에 차이를 만들고 싶어합니다. 경제적인 성공을 이루어서 사줄 수 있는 것들이죠. 하지만 배우자나 부모는 아닙니다. 부모가 모든 가족 구성원을 성공과 성취로 이끌어 그들의 부재에도 계속 축복 받을 수 있다면 그만큼 자유롭고 엄청난 일이 있을까요? 심리·사회적 발달 단계에서 "최고"란 무엇인지 다시 살펴보죠: 신뢰, 자율성, 결단력, 근면성, 독자성, 친밀함, 생식성, 온전함입니다.

성장 중심 가족은 존재에 도움이 되는 8가지 가치를 기르는 리더가 있는 팀입니다. 이 팀에서 리더는 스스로와 아이들을 문화적·가족적 역기능으로부터 해방시킵니다. 아이들은 건강하지 않은 순응과 타인으로부터의 압박에서 보호받게 되죠. 압력을 행사하는 타인은 풍족함이 아닌 부족함의 궁지에 빠진 영혼들입니다. 이로부터 아이를 보호할 수 있는 부모는 진정한 존재의 의미를 중시합니다. 존재의 가치보다 생산성에 중심을 두면 건강하지 않은 순응과 맹목성을 만듭니다; 이를 반대로 해야 성장을 중심으로 하고, 혁신적이며 재생 가능한 잠재력을 기를 수 있습니다.

헤퍼넌의 강력하고 역사적이며 건강하지 못한 순응과 압박의 예시를 다시 살펴봅시다.[19] 널리 퍼진 아동 성적 학대의 비극(20세기 후반 아일랜드 카톨릭 교구), 2000년대 국가적 금융 위기, 1900년대 15년간 임신 여성의 엑스레이 촬영한 일 등. 의도적 외면과 같은 이 사건들은 불안정한 친밀감에서 시작

---

[19] 마가렛 헤프넌*(Margaret Heffernan)*, 의도적 외면*(Willful Blindness)*,, 2011.

되었습니다. 그리고 재앙과 공모, 은폐로 악화되었죠. 결국 엄청난 수의 처참한 희생을 낳았고 심리·사회학적 단계를 맞이하는데 실패했습니다. 그 결과 친밀감·생식성·온전함은 모두 타협의 대상이 되어버렸습니다. 그들의 시각은 점점 더 편협해져 급격하게 두려움에 근거해 결정하고 행동에 옮기게 만들었습니다. 우리는 이러한 심각한 위험은 극복하고, 우선 순위를 변화시켜 모두를 진보하게 하는 리더가 필요합니다.

당신은 스스로의 존재에 대해서 얼마나 잘 알고 있나요? Giant Worldwide의 공동 설립자인 스티브 코크람(Steve Cockram)과 제레미 쿠비체크(Jeremie Kubicek)는 다음과 같은 8가지 질문을 통해 우리가 효과적인 리더가 되기 위해서 필수 요소를 지적합니다:

1. 당신과 반대편에 있는 것이 어떤 느낌인지 아시나요?
2. 서로 다른 사회적 환경에 있는 사람들을 모두 연결하는 방법을 아시나요?
3. 당신의 업무 환경을 연결하는 것이 쉬운가요?
4. 사람들이 당신과 어울리기를 좋아하나요?
5. 빠듯한 일정 속에서도 육체적·감정적으로 사람들과 공유할 수 있나요?
6. 당신은 항상 이겨야만 하나요?
7. 누군가와 정말로 함께 하는 경험을 해봤나요?
8. 타인이 말하는 것을 듣기 위해 속도를 늦추는 방법을 아시나요?

이 질문들에 부정적으로 대답하신다면 당신은 언제, 어디서 어떻게 연결이 끊어지는지도 인식하지 못한 상태입니다. 마음과 몸 속에 스트레스가 꽉 차서 불편함·좌절·영혼의 피로감에만 반응하고 있나요? 과거가 당신에게 상처를 내어 감정으로부터 분리되고 우울하게 만들었나요? 이유야 어찌됐든 그 결과로 우리는 아이들이나 배우자와 함께 하는 시간을 갖기 어려워집니다. 또한 직접적인 보고를 받아 지지·발전으로 이끄는데 동기를 부여하지도 못합니다. 우리는 이사회에서 동년배와 효과적으로 어울리지도 못하고요. 지나치게 일하고 먹고, 몸과 마음을 남용하면서 스스로만 안전하게 보호하고 고통은 피합니다. 이는 우리의 한계와 건강에 대한 욕구를 무시하는 일입니다. 이러한 행동은 결국 우리를 파괴합니다. 직면하기보다 물러나고, 핑계를 대거나 적대적인 자세를 취하죠. 변화하려고 노력할 수도 있지만 성공하지는 못합니다. 그리고 결국엔 포기하게 됩니다.

우리는 브레네 브라운(Brene Brown)이 말하는 약점의 힘을 기억할 필요가 있습니다. 이는 강하게 반직관적인 힘이지만 이렇게 변화가 힘든 시기에는 기적적으로 멋진 일이 일어납니다. 바로 장기적인 관계가 기회·목적·심오한 의미로 가득 차고 가치가 풍부해집니다. 코크람과 쿠비체크는 감정적으로 매우 건강하고 진실하게 존재하는 능력이 "미래의 리더를 위한 경쟁적인 강점"이라고 지적했습니다.

이는 단순히 관계에 자연스럽게 강한 사람들만이 아니라 모두를 위한 능력입니다. 업무 환경에서도 마찬가지입니다. 이제는 더 많은 일을 하는 사람보다 더 이끌 줄 아는 사람이 중요하다는 것이 사실로 드러나고 있습니다. 이끄는 사람이 되려면 생산이 아니라 존재로서 타인에게 영향을 줄 수 있어야 합니다. 또한 사랑하는 사람들과 가정에서도 마찬가지입니다. 보통은 서로를 위해서 무언가 지나치게 할 뿐, 성장 중심의 환경을 만들기 위해, 또 감정적으로 건강하고 성숙하기 위해서 진실한 존재로서 충분히 노력하지 않습니다. 서로를 섬기는데 문제가 없으면 서로가 처음 같이 살기 시작할 때 중시했던 것들은 더이상 신경 쓰지 않게 됩니다. 하지만 이것이 바로 긴장 상태에서 가장 중요한 것입니다. 바로 의견이 달라지고 서로에게 짜증나게 되는 것이죠. 우리의 인내와 관용은 금세 바닥이 납니다. 배가 고파지고 걱정거리도 생기고 외로워지거나 그냥 지쳐버리기도 합니다. 그 분위기는 눈에 보이진 않지만 사실 꽤 뚜렷합니다. 감정적으로 건강한 존재의 중요성을 간과해선 안됩니다. 그런 존재가 지속 가능한 환경과 문화를 만들기 때문입니다.

집의 존재는 어떤가요? 2차원적인가요 아니면 3차원, 4차원적인가요?
- 2차원 = 좌뇌; 삶은 행동이 중요합니다. 보통 생산력이 높습니다.
- 3차원 = 좌뇌 + 우뇌; 삶은 주어진 일을 완료하고 관계를 이루는 것입니다. 생산성과 존재를 모두 경험하고 또 즐깁니다.
- 4차원 = 좌뇌 + 우뇌 + 심장 + 직감; 삶에는 상기 모든 것을 포함되어 있지만 자아, 목적, 기타 내적 역동성의 이야기를 통합하기도 하고 관계·세계를 변화시키기 위한 더 위대한 해결책을 찾는 일이기도 합니다.

4차원적 존재는 약점을 볼 줄 알고 힘에 복종하는 정도로 성숙한 리더에 의해 만들어집니다. 이러한 힘은 진정으로 책임 지고 타인의 시각을 가치 있게 생각할 줄 아는 힘입니다.[20] 그렇게 함으로써 그들은 생각과 감정을 이해·인정받기 위해 내적 삶의 욕구를 충족시킵니다. 이는 이전 장에서 종합했던 내용이기도 합니다. 4차원적인 인도는 태양 같은 자유로운 사랑으로 경험하여 발전된 세계를 따라 감정과 관계를 잘 관리하며, 성공과 성취를 막는 숨겨진 힘도 극복합니다.

집에서 2차원, 3차원적인 리더십이 있다면 성공이나 행복을 만들어낼 수 있습니다. 하지만 4차원적인 리더십만이 변화하는 유산을 만들 수 있습니다. 왜 그렇게 변화해야 할까요? 우리가 자라면서 갖게 된 미성숙과 여러 장애 요소는 지속적으로 잘 사랑하는 일을 방해합니다. 또한 배우자와 부모-자식간 관계에서 가장 가슴 아픈 일이기도 하죠. 집에서든 집단에서든, 이러한 보이지 않는 억제제는 우리를 가두고 악화시킵니다. 이 모든 것의 뿌리는 가족의 근본과 문화에 있고, 이것이 바로 우리의 구시대적·제한적인 신념과 규율, 가치들을 만들었습니다. 아주 오래된 이 문제로부터 해방될 수 있다면, 우리는

---

[20] 앨런 왓킨스(Alan Watkins), *4차원 리더십: 수직적 리더십 발전을 통한 경쟁적 이점 (4D Leadership: Competitive Advantage Through Vertical Leadership Development)* 1쇄, 2015.

생명을 주는 부모가 되어 새로운 세대를 지혜와 혁신으로 키우고, 세상에 필요한 변화를 가져오도록 훈육할 수 있습니다.

4차원 리더십은 영혼인 우리 운영 체제를 업그레이드합니다. 앨런 왓킨스(Alan Watkins)는 그의 책 *4차원 리더십: 수직적 리더십 발달을 통한 경쟁적 이점(4D Leadership: Competitive Advantage Through Vertical Leadership Development)*에서 이를 행동하고 존재하고 관계하는 것의 교양으로 묘사하였습니다. 이 모든 것을 한 층 향상시키는 것이죠. 이는 우리 내적인 삶에 가장 위대한 우선 순위를 제공하고 다른 외적 차원의 승격을 가져옵니다. 이는 우리가 현재 처해 있는 환경에 매우 필요하며, 변화가 끊임 없이 일어나고 더 큰 해결 방법을 찾아야 할 때 필요합니다. 이 해결책은 세상을 바꿀 수 있지만 가장 소중한 우리 가족들은 희생시키지 않는 방법이기도 합니다.

집에서 당신은 어떤 리더인가요? 당신이 쌓아 올리고 발전시킨 주요한 삶의 관계, 특히 사랑하는 사람과의 관계를 유지하는 능력은 무엇인가요? 저는 로버트 하그로브(Robert Hargrove)의 모델[21]을 이용하여 가족이 효과적인 리더십을 필요로 한다는 사실을 일깨우려 합니다:

- 1단계: 당신은 10,000시간 이상의 임무를 수행한 유능한 사람인가요? 이는 당신이 부모로서 많은 의무를 수행했다는 뜻입니다. 당신은 책임감이 있고 가족 구성원에 대해서도 잘 압니다.
- 2단계: 당신은 사랑하는 사람들을 위해 성장과 이득을 키우나요? 이는 그들을 위해 하는 일을 줄이고 더 큰 발전을 이루어 그들이 "스스로 물고기를 잡을" 수 있게 하는 것입니다.

---

[21] http://www.roberthargrove.com/seven-levels-of-leadership/

- 3단계: 당신은 가장 중요한 사람들 위해 삶을 꾸준히 개선시키고 있나요? 이는 삶의 다양한 분야의 균형을 이루고 전반적인 건강을 포기하지 않습니다(감정적·육체적·영적, 커리어, 환경, 라이프스타일, 비전 등).
- 4단계: 당신은 결혼하고 아이들이 자라면서 전략의 수행을 가속화하고 있나요? 이는 당신과 배우자가 나이가 들고 결혼 생활이 발전하고, 아이들이 독립하면서 집중해야 할 대상과 우선 순위를 바꾸는 일입니다.
- 5단계: 당신은 가족 구성원의 발전에 맞춰 전략을 가속화하는 사람인가요? 이는 4단계에서 발전한 단계로 당신의 조력자가 되어 아이들뿐 아니라 스스로의 성숙을 도모하는 일입니다.
- 6단계: 당신은 중요한 일을 예측하고 더 나은 결과를 내는 사람인가요? 태양 같은 사랑, 열정, 실천, 목적, 희망 등 주요한 가치들은 나이를 먹어도 유지되고 살아있습니다.
- 7단계: 가장 중요한 단계로, 당신은 가족의 역사적 진로를 바꾸는 사람인가요? 당신의 전략적 효과와 성공을 보고 꾸준히 하여 상상했던 대로 원하는 결과를 내고 있나요!

10,000시간은 약 5년의 시간과 같습니다. 아이들이 유치원에 들어가는 시기쯤 될까요. 아이들이 6살이 되고 초등학교 들어갈 나이가 되면, 부모는 그들의 리더십을 단순한 프로젝트 팀 리더에서 훌륭한 리더가 되는 것으로 발전시켜야 합니다. 그것이 바로 아이들이 진정으로 필요로 하는 사람이며, 청소년기로 가는 여정을 시작하는데도 필수적인 요소입니다. 우리 아이들은 엄마와 아빠에게서 위대한 리더십을 기대합니다. 그런 리더는 아이들이 성장해서도 스스로 챙겨야 할 일을 도맡아 관리하는 사람은 아닙니다.

10대와의 갈등이 넘쳐나는 시기가 오면, 전략의 수행과 조정을 가속화할 시간입니다. 이 6-7년간의 짧은 청소년기에 최고의 부모가 되려면, 우리는 용기·영향력·명료함으로 아이들을 이끌어야 합니다. 이 시간은 안전한 어린 시절을 남기고 어른이 되는 미지의 세계를 향해 나아감으로써 삶에 색을 입히는 과정입니다. 10대는 중요한 변화를 겪으며 개성을 만듭니다. 또한 스스로를 성공적으로 이끌고 관리하는 방법을 배우는 시기이기도 합니다. 우리가 아이들의 눈높이에 맞춰야지 아이들을 우리의 기대에 따르게 해서는 안 됩니다. 우리는 질문을 던지고 경청해야 하며, 아이들의 도전에 사랑으로 배움의 길을 열어두어야 합니다. 실수를 저지르는 것도 자유롭게 허용해야 합니다. 즉, 아이들이 실수를 통해 배우고 리더십을 실천해 스스로의 삶을 관리할 수 있게 하는 것이 중요합니다. 아이들이 똑똑한 의사 결정자가 되도록 그 전략을 실천하고 지속적인 발전에 따라가야 합니다. 아이들을 애지중지하면서 대신 결정을 내려주거나 실수와 실패로부터 아이들을 보호할수록 아이들은 이끌고 배우는 연습을 덜 하게 될 것입니다.

아이들이 선견지명이 있는 사람과 연결되어 엄청난 지원을 받을 수 있다면 어떨지 상상해보세요. 그런 의미에서 부모와 아이들은 색다르고 혁신적인 열정과 집중 대상을 갖고 활기를 주는 관계를 가져야 하며, 모든 에너지를 일에만 쏟아서는 안 됩니다. 그 에너지는 그 집단이나 회사에만 이득이 될 뿐, 가장 소중한 사람들에게는 도움이 되기 어렵기 때문입니다.

7단계의 리더십은 찾기 힘들 수도 있습니다. 인류의 역사는 대부분 반복되어 왔고 이는 우리가 역사로부터 배우지 않았기 때문입니다. 우리 조상들이 한 일이 어떤 동기로 벌어진 것인지 또렷하게 이해해야 합니다. 그렇게 우리는 역사의 추세를 의미 있게 변화시킬 수 있습니다. 멋진 라이프 스타일을 제공하는 것은 흔한 발견이지만 코스 변화의 한 측면입니다. 직장에서 성공하는 것은 단기적으로는 만족스러울지 몰라도 감정적·관계적인 건강이 희생이나 타협되고 무시되면 역사는 또 반복됩니다. 갈등과 부정적인 감정을 관리하는 방법은 그래도 유지됩니다. 즉, 내적 삶의 성장을 위해서는 무언가 중요한 일을 하기보다 성과·활동·생산성·유형적 소유·통제·조작·압박을 통해 평화와 행복을 추구하는 방식이죠. 가장 위대한 리더, 예수 그리스도는 이렇게 지적했습니다: "세상을 다 얻었으나 너의 영혼을 잃으면 그게 어떤 얻음이 있겠는가?"

성공적인 실천은 어떻게 우리가 스스로를 이끄느냐에 달려 있습니다. 우리는 스스로와 가족을 통합이나 해체 중 어느 쪽으로 이끌고 있나요?

리더십과 영혼

리더십은 방향을 시사합니다. 당신의 영혼은 존재의 가장 심오한 단계에서 함께 번영하는 쪽으로 나아가고 있나요 아니면 서로에게 대항하는 역기능을 이끌고 있나요? 통합으로 향하고 있다면 우리는 원하는 일을 하고 있으며 평화로운 생각과 함께 가는 것입니다. 왜냐하면 영혼이 건강하기 때문입니다. 반대 방향으로 향하고 있다면 육체가 우리의 의지를 따르고 있는 것입니다. 우리의 마음은 건강하지 않은 행동을 정당화하면서 영혼은 죽입니다. 그 상황이 확인되지 않고 남겨지면, 우리의 의지는 속담처럼 본말이 전도된 상태에 굴복하게 됩니다.

우리의 영혼이 번영하고 빛과 온기, 끌림을 중심으로 할 때, 우리는 자유로운 문화를 만들어 유지합니다. 이에 실패하면 우리는 좌절하고 통제나 과잉보호 하는 헛된 시도를 하게 되고요. 영혼이 죽으면, 우리는 무관심하거나 낙오하고 동기나 관심도 보이지 않는 사람이 됩니다.

영혼이 활기차고 살아있을 때 자유가 있습니다. 자유로운 리더는 자유를 향해 나아갑니다. 무엇으로부터 해방되고 싶은가요? 구시대적 규율과 제한적인 신념. 신화와 나아갈 일시적인 해결책. 이는 자유를 겪어보지 못하고 결핍의 압박을 받았던 사람들이 만들었던 가치일 것입니다.

"부족해...."

이 성경 구절(하박국서 2: 4-5)에서 묘사된 욕심으로 끝없이 가득 찬 적을 확인해보세요:

"보라, 그의 마음은 교만하며 그 속에서 정직하지 못하나 의인은 그의 믿음으로 말미암아 살리라. 그는 술을 즐기며 거짓되고 교만하여 가만히 있지 아니하고 스올 처럼 자기의 욕심을 넓히며 또 그는 사망 같아서 족한 줄을 모르고 자기에게로 여러 나라를 모으며 여러 백성을 모으나니."

마지막 구절에 나라를 모으고 백성을 모으는 부분을 보면, 익숙한 사회 역학을 확인할 수 있습니다. 이 대규모 노예화는 긍지와 욕망으로 시작되었고 세계(시간과 삶)와 함께 가지 않습니다. 그들은 건강하지 않고 오히려 불안한 교만함에서 비롯되었습니다. 그래서 충분한 시간과 공급이 있으면 언제든 도울 수 있다는 그런 자발성이 없는 믿음입니다. 하지만 우리가 무언가가 부족할 수 있다는 가능성을 배제하지 않으면 이런 일이 가능합니다. 자신의 신념과 규율은 오래되어 제한적이며, 타인은 권한·관련성·기회를 보고 성공을 찾는 자유로운 사람이라고 말이죠.

반면에 의인은 그들의 믿음으로 증명됩니다. 그 믿음은 충분하다고, 그들이 풍족하고, 신이 충분하다는 믿음입니다. 충족함에 대한 이야기는 구원으로 용기를 낳아 관계나 영적·감정적·육체적·정신적 건강을 희생하지 않는 쪽으로 우리를 나아가게 합니다. 저는 린 트위스트(Lynne Twist)의 다음 명언을 좋아합니다:

"풍족함이란 만들고 식별하는 것이며, 스스로에게 존재하는 자원의 힘과 우리 내적 자원을 알리는 행위입니다. 풍족함이란 우리가 스스로 내부와 주위를 돌아보면 필요한 것을 찾을 수 있다는 사실을 기억하는 것에서 자라납니다. 모든 것은 항상 충분합니다."22

자유로운 리더십을 발전시키는 기회는 거의 매일 쏟아집니다. 타인, 개인과 함께든 우리가 끝내야 하는 프로젝트 안에서든 항상 문제 해결 능력에 도전하는 일들이 있기 마련입니다. 어떤 것들은 작아서 많은 생각이나 노력이 필요하진 않습니다. 또 어떤 것들은 추가적인 배움이나 빈틈없는 계획이 필요하기도 하죠. 시간의 시작 이래로 우리가 끌고 온 것들은 가끔 우리의 관계를 만성적으로 병들게 합니다. 이로써 보통 우리는 무엇을 해야 할지 어쩔 줄 모르고, 심지어 어디서 시작해야 할지도 모르는 상태에 빠집니다.

하지만 이러한 도전은 더 크고 의미 있는, 지속 가능한 해방을 향한 잠재력을 담고 있습니다. 우리는 도전이 한 번 시작되면 지옥 같은 시간이 시작되기 때문에 피하려고 합니다. 그리고 절박하게 타인과 스스로를 해치는 행동을 하는 자신을 발견하기도 합니다. 눈에 확 띄거나 명확하지는 않을 수 있으나 그렇다고 해롭고 보상의 행동을 하지 않았다는 것을 의미하진 않잖아요. 단순히 우리는 고통과 두려움, 걱정 속에 살고 있으며 그에 비위를 맞춰 견디는 것으로 해결해야 할 수도 있습니다. 하지만 번영하는 활력의 결핍, 아니 최소한의 건강한 기능이 부족하면 이는 언제나 우리에게 육체적·감정적·관계적·영적인 문제를 가져오게 되어있습니다. 이러한 부정적인 감정은 어려운 위기나 현실의 근본적인 변화를 가져옵니다.23 우리가 현실에 대해 인식하고 있을 때 문제들은 엄청나게 어려워지지만, 최소한 무슨 일이 일어나는지는 알 수 있을 겁니다. 이러한 기본 상태를 인식조차 하지 못하면, 그것은 사실상 문제를 이해하는 것조차 불가능함을 의미할 수 있습니다; 고의적인 맹목성이 임박한 상태죠.

---

22 린 트위스트(Lynne Twist), 돈의 영혼(*The Soul of Money*), 2003, p.74.

23 비션 라키아니(Vishen Lakiani), Mindvalley.com, http://blog.mindvalleyacademy.com/tag/models-of-reality

이것은 단순히 관계의 파멸만이 아닙니다. 가족이나 집단의 일부로서, 문제가 있는 현실로 인해 만들어진 지속적인 관계의 위기는 우리와 연결된 모두에게 영향을 끼칩니다. 그들은 우리가 숨쉬는 공기가 되고, 우리가 느끼는 온도가 되고 우리가 보는 빛이 됩니다. 이러한 문제가 해결되지 않으면, 긴장과 스트레스가 규범이 되어 버리고 부모나 자식 모두, 고용주나 고용인 모두에게 부정적인 건강 상태를 주게 됩니다. 성장은 저지되고 우리는 친밀감·생식성·통합을 향해가는 성숙의 과정을 거치지 못합니다. 오히려 장애, 해체, 파괴로 나아가게 됩니다.

하지만 이 모든 것은 스스로를 진정한 자유와 성취로 이끌 수 있는 감정적·관계적 문제에 달려 있습니다. 성장을 중심으로 하고 발전을 위한 내적 환경을 만드는 그 어떤 세계관·가치·영적 지혜에든 헌신한다면, 고통과 투쟁은 이정표가 되어 우리 운영 체제인 영혼의 코드를 발견할 수 있습니다. 그러면 우리는 이를 제거하고 대체해야 합니다. 또한 성장의 건강한 문화에서 부모와 아이들은 자기 성찰과 평가, 지속적인 발전에 열린 사람이 됩니다. 또 더 나은 사람이 되고 싶어합니다. 그들은 모두를 초대하여 움직임을 위한 구조를 만들 것입니다. 픽사는 다양한 프로그램으로 협력 및 평론을 기를 수 있게 하고 있습니다. 그렇게 그들의 영화는 청중들이 볼만한 가치가 있는 작품이 되고 있죠: 일간지, 고문단, 사후 검토까지 모든 단계가 정직하게 이루어집니다. 모두가 의견을 이야기하는 것이 안전하다고 느끼고 진심으로 프로젝트 발전 방안에 대해서 공유합니다. 이러한 개방적인 피드백으로 우수성에 대한 열정 가득한 결정, 오류를 인정하는 겸손, 변화로의 요구, 절차에 대한 인내심을 보호합니다. 또한 모든 구성원이 "진정한 영감을 방해하는 숨겨진 힘을 극복하는"데 기여합니다. 이 책의 "방법"에서 이에 대해 도움을 주는 도구들이 제공될 것입니다.

여러분들도 이제 보이시겠지만, 이 모든 것은 리더나 부모가 스스로를 현명하게 이끄는 것으로 시작됩니다. 부정적인 패턴과 문화는 우리가 내적 안녕과 자유의 현실이 부족할 때 더 커지고 끊임없이 계속됩니다.

낡은 규율과 패턴이 어째서 열등한 것일까요? 그들은 두려움을 낳기 때문입니다.

Giant Worldwide의 도전-지지 매트릭스(Challenge-Support Matrix)를 확인해보세요(https://giantworldwide.com/duct-tape-matrix/에서 확인하세요). 여기서 우리가 만드는 도전과 지지의 단계는 역할과 문화를 결정합니다. 왼쪽 아래에서 시작해서 우리가 살고 일하는 대상에 도전하고 지지하지 않으면 기권하는 사람이 되고 무관심과 낮은 기대치만을 가지게 됩니다. 왼쪽 위로 이동하면, 지지는 높은 수준이지만 도전이 부족해 보호하는 사람이 되어 권리와 불신만 키우게 됩니다. 이와 반대로 대조되게 높은 수준의 도전과 낮은 수준의 지지로 우리는 지배하는 사람이 되고 두려움이나 조작을 하게 됩니다. 우리는 오른쪽 위, 두 요소 다 높은 수준에 있는 상태가 되고 싶을 겁니다. 높은 기대로 도전하면서도 사랑과 공감대로서 지지를 크게 얻으면, 우리는 해방하는 사람이 되어 주위 사람들에게 권한을 부여하고 기회를 누리도록 도움을 줄 수 있습니다. 두려움은 불신·권리·무관심·낮은 기대치·조작에 의해 열등한 문화를 만듭니다.

도전과 지지의 건강한 균형을 위해 두려움을 떨쳐내야 깊은 신뢰를 쌓고 실패나 부정에 두려워하지 않을 수 있습니다. 두려움이 없어야 개방적으로, 정직하게, 정중하게 소통할 수 있고요. 두려움은 자유로운 환경에서만 건강하고 효과적으로 관리됩니다. 이는 진정한 사랑의 관계이기도 합니다. 성경(요한복음 1서 4:18)에서는 이를 온전한 사랑이라 부르고, 성숙하고 완전하여 제한이 없고 구시대적이지도 않으며 열등한 현실이 없는 사랑을 의미합니다. 이는 부모에게 최고 우선 순위여야 하며, 창의적인 과정 속 사람들을 관리하고 이끄는 리더십입니다.

우리의 수요와 기대치가 진정한 신뢰와 애정의 문화에서 높아질 때, 아이들은 스스로의 힘과 열정이 가득한 성격과 능력을 가지게 됩니다. 베트남 승려이자 평화주의자인 틱낫한(Nhat Hanh)은 이렇게 말했습니다. "진정한 사랑으로 자유에 도달합니다." 진정한 사랑은 헛되게 도전이나 지지를 하지 않습니다. 그 둘을 역동적으로, 현명하게 균형을 맞추고 삶의 단계와 개인적인 특수성에 맞춰 적용합니다. 신념과 규율에 권한을 부여하는 건강한 영혼은 성장을 중시하고 연대를 이뤄냅니다.

성장 중심 가족은 자유로운 리더가 이끌고, 이 리더는 가족 구성원에게 최상의 조건을 제공합니다. 우리가 아이들에게 줄 수 있는 최고란 진정한 사랑의 리더십입니다. 두려움을 떨쳐내고 자유를 이루는 사랑. 진정한 사랑은 해방된 사람의 실천 결과입니다. 다만 무엇에서 해방된 것일까요? 두려움에 기반한 기본 신념은 젊은 시절부터 수용되어 길러진 경우가 대부분입니다. 해방된 개인은 권한과 기회를 부여하는 문화를 만듭니다; 자유는 사랑을 길러 두려움을 쫓아내고 신뢰를 쌓습니다. 그렇게 우리는 해방되고 성숙한 사람이 되어 성장을 중심으로 하는 막대한 잠재력을 발휘할 수 있습니다.

2부 요약

　세상은 도전과 지지로 자유로운 리더를 만들어냅니다. 성장 중심가족은 근본에 집중하고 구석에서 타협하지 않으며, 심오하고 유일한 창조주만 심오하게 받아들입니다. 저는 그 창조주가 진정한 사랑이라고 믿습니다(요한복음 1서 1:1-4, 14).

　우리보다 위대한 무언가에 받아들여진다는 이해는 현실적이고 연관성 있고 합리적인 시각을 반영합니다. 그렇게 우리는 새롭고 강력하고 역동적인 믿음을 갖게 됩니다. 또한 역기능적·무의식적 재생으로부터의 해방을 통해 새로운 마음 가짐도 가지게 됩니다. 바로 성장 중심의 마음 가짐일 것입니다. 그리고 이로부터 우리는 변형된 삶과 성장 중심의 가족을 이루게 됩니다. 평생 학습과 연결된 힘과 우수성에 대한 자신감, 이를 갖춘 가족은 지속적인 발전을 이뤄냅니다. 심지어 진정한 사랑의 화신도 낳을 것이고요.

　저는 이 더 큰 무언가가 신이라고 믿고, 충분함을 넘어서는 더 위대한 존재라고 확신합니다. 그는 사랑과 품위, 진실과 힘, 겸손과 영광을 우리가 상상하는 그 이상으로 가지고 있습니다. 그가 바로 진정한 사랑이며, 사랑이 그에게서 유래합니다. 가볍게 천명된 믿음이 아니라 영혼의 가장 깊은 곳에서 태어난, 변형된 생각과 행동으로 증명되는 것이죠.

　"사랑하는 자들아 우리가 서로 사랑하자 사랑은 하나님께 속한 것이니 사랑하는 자마다 하나님으로부터 나서 하나님을 알고 사랑하지 아니하는 자는 하나님을 알지 못하나니 이는 하나님은 사랑이심이라. 하나님의 사랑이 우리에게 이렇게 나타난 바 되었으니 하나님이 자기의 독생자를 세상에 보내심은 그로 말미암아 우리를 살리려 하심이라. 사랑은 여기 있으니 우리가 하나님을 사랑한 것이 아니요, 하나님이 우리를 사랑하사 우리 죄를 속하기 위하여 화목

제물로 그 아들을 보내셨음이라. 사랑하는 자들아 하나님이 이같이 우리를 사랑하셨은즉 우리도 서로 사랑하는 것이 마땅하도다. 어느 때나 하나님을 본 사람이 없으되 만일 우리가 서로 사랑하면 하나님이 우리 안에 거하시고 그의 사랑이 우리 안에 온전히 이루어지느니라." 요한복음 1서 4:7-12

이 구절은 사랑의 근원과 사랑을 받는 자의 정체성과 관계, 그에 상응하는 사랑을 증명하는 행위, 행동에 대한 우리의 결정을 표현하고 있습니다. 새롭게 더 높은 힘으로의 소속감을 느끼는 것, 이러한 새로운 존재에 반응하는 것은 성장이라는 마음 가짐을 만들어냅니다. 이 시각은 우리가 중요한 것에 집중하도록 합니다. 믿음, 가족, 친구, 건강, 심지어 돈이 풍족한 삶으로 나아가는 것이죠. 이러한 것들이 실현되면 우리는 깊게 박힌 해로운 결핍의 신념으로 생긴 두려움과 불안감으로부터 해방됩니다.

태양 같은 사랑이 우리 가족의 중심이 될 때, 우리는 비전, 동기, 행동, 성취의 중요한 자원을 가지게 됩니다. 이는 우리가 따뜻하고 의미 있는 관계를 만들어 성숙한 인간으로 지속적으로 발전하도록 도전하고 지원할 수 있게 합니다. 이러한 중심을 둔 육아는 변화의 길에 들어서게 하고, 이를 저해하는 기본 신념과 자동 반사적 반응으로부터는 우리를 해방시킵니다.

관계가 성장하고 영혼의 성숙으로 꽃피는 것은 멋진 일입니다. 번영하는 영혼은 마음과 진정으로 통합되고 긍정적으로 존재합니다. 관계가 개인적인 자질을 기르고 성공할 수 있는 권한을 부여하는 것도 역시 마찬가지로 대단한 일입니다: 열정, 집중, 추진력, 아이디어, 개선, 섬김, 끈기.

성장 중심 가족은 건강하고 지속 가능한 성숙을 위한 문화를 만드는데 집중합니다. 이는 계속되는 긍정적 발전으로 부모와 아이 모두가 다양한 기회와 자원을 매 순간 이용하고 누릴 수 있게 합니다. 좋든 나쁘든, 고통스럽든 기쁘든, 도전이든 축하든 말이죠.

3부: 성장 중심 가족 기르기

들어가며: 정원사가 되기 위한 준비

11장: 지속적인 성장을 위한 감성 에너지 기르기

12장: 건강한 실천과 행동 기르기

결론: 지속 가능한 성장

부록: 보조 도구

들어가며: 정원사가 되기 위한 준비

정원사의 일은 우리의 삶에 깊숙이 자리 잡을 습관을 만드는 것과 같습니다. 그리고 그 습관은 열매를 맺는 습관이고요. 그래서 우리는 모두 정원사가 되어야 합니다. 성경의 처음에서도 다음의 구절로 그 내용을 확인해볼 수 있습니다.

"여호와 하나님이 그 사람을 이끌어 에덴 동산에 두어 그것을 경작하며 지키게 하시고" 창세기 2:15

인간을 위한 창조주의 근본 목적은 삶을 창조하고 유지하는 환경의 구축입니다. 이러한 환경에서 인간은 오직 한 나무만 제외하고 모든 나무의 열매를 먹을 권한을 부여 받습니다. 이 나무는 바로 혼란의 근원, 선악과였습니다.

"여호와 하나님이 그 사람에게 명하여 이르시되 동산의 각종 열매는 네가 임의로 먹되 선악을 알게 하는 나무의 열매는 먹지 말라 네가 먹는 날에는 반드시 죽으리라 하시니라" 창세기 2:16, 17

금지된 선악과를 먹으면, 인간은 혼란과 사악함에 빠져 상해와 질병, 고통을 경험하게 됩니다. 창세기 3장의 이야기는 우리 인간이 금지된 열매를 탐하면 곧 수치심과 죽음으로 연결된다고 서술합니다. 남자와 여자는 신으로부터 숨고 보통 인간이 되어 아들을 낳게 됩니다. 그리고 이 아들은 후에 자신의 동생을 죽입니다.

앞서 언급한 경고에 이어 조력자, 즉 소울메이트가 나타납니다.

"여호와 하나님이 이르시되 사람이 혼자 사는 것이 좋지 아니하니 내가 그를 위하여 돕는 배필을 지으리라 하시니라." 창세기 2:18

이 구절에 따르면, 정원을 조성하는 일은 친밀한 파트너십을 의미합니다. 또한 인간이 지속 가능한 삶을 만들고 정해진 가족을 구성하는 주된 방법입니다. 남자와 여자가 만나 하나가 되어 새로운 생명이 자라고 지킬 수 있는 환경을 만드는 것이죠.

여러분은 가정에서 무엇을 만들고 있나요? 마음 속에서는요? 관계에서는요? 무언가를 조성한다는 것은 시간, 관심, 반복이 필요합니다. 습관과 가치도 심고 돌보아야 하고요. 그리고 영양을 공급받기 위해 좋은 흙도 필요할 겁니다. 장소도 중요하겠죠. 이 모든 과정이 당연할 수도 있지만 한 번 심어진 이 습관은 생명을 생산하고 성장시키는 위대한 힘을 가지게 됩니다. 그 힘은 무엇일까요?

신념, 믿음, 용기, 박애입니다. 그렇다면 이런 무형의 가치들을 어떻게 기를 수 있을까요? 보이지 않는, 숨겨진 것들에 대한 이해와 지식을 길러야 합니다. 마음, 가슴, 영혼 속에 있는 힘을 말이죠. 3부에서는 우리가 우선시하고 열심히 성장시켜야 하는 요소들을 캐내어 확인해 보겠습니다. 그렇게 우리는 가족을 번영시키고 장기적 안녕과 성취, 성공을 돕는 통찰력을 가지게 될 것입니다.

정원사로서 무엇인가를 재배하고 기르는 일은 스스로의 영혼과 사랑하는 사람과의 관계를 잘 돌보는 일도 포함합니다. 11장에서는 내적인 삶을, 12장과 부록에서는 성경에서 근거를 찾아 명확한 소통을 도와주는 도구와 기술에 대해서 알아보겠습니다. 저와 함께 연습하면서, 더 큰 기쁨과 힘, 진정한 사랑을 경험하시길 바랍니다.

*11*장: 지속적인 성장을 위한

감성 에너지 기르기

생명이 자라면, 거기에는 성장이 있습니다. 정원을 가꾸고 있다면 심은 식물이 건강한지 알 수 있을 겁니다. 식물들이 커지고 성숙해지고 생식하는 것을 볼 수 있죠. 우리는 부모로서 아이들이 중요한 단계를 거치는 것을 보고 아이들이 잘 자라고 있다고 생각합니다. 이는 성인이 되어서도 멈추지 않고요. 육체적 성장은 한계에 닿을 수 있겠지만, 우리는 육체만으로 구성되지 않았으니 정신적·감정적·관계적·영적으로도 무한하게 자란다고 볼 수 있습니다.

그리고 성장에는 에너지가 필요합니다. 아기는 규칙적인 식사, 낮잠이 필요하고 애정과 성장 동력도 필요합니다. 같은 원리로, 성장을 중심으로 한 가족은 앞으로 나아가기 위해 엄청난 에너지가 필요합니다. 이 에너지는 연료를 공급하거나 동기를 부여하거나 영감과 힘을 주는 모든 것을 그 원천으로 합니다.

물론 이 과정에서 일을 그르치거나 에너지를 잃는 일들도 분명 있습니다. 그런 일들이 생기면 우리에게 오는 에너지가 줄어들겠죠. 그렇다면 어떤 일들이 우리의 기운을 떨어지게 할까요? 여기 가이 윈치(Guy Winch)가 정서 응급 처치(Emotional First Aid)[24]에서 만든 목록을 확인해보죠: 거부, 외로움, 상실, 트라우마, 죄책감, 반주, 실패, 낮은 자존감. 본 장에서 이들을 살펴보도록 하겠습니다. 두려움을 기반으로 만들어진 감정적 경험은 우리의 영혼에 영향을 미칩니다. 이 경험은 우리가 최고의 자아로 성숙하는 것을 방해하고, 그 동력도 빼앗아 약하게 만듭니다.

---

[24] 가이 윈치(Guy Winch), 정서 응급 처치(Emotional First Aid), 2013.

우리가 이러한 감정적인 문제를 다루는 방법은 성장과 변화를 가능하게 하는 더 큰 에너지를 만들 수도 있고 영혼을 위축시킬 수도 있습니다. 해결되지 않은 문제는 우리와 삶, 사랑하는 사람 사이를 떼어놓을 수도 있고요. 가족 구성원과 깊은 유대를 경험하기 위해서는 좋을 때나 나쁠 때나 함께 해야 하고, 고통스러운 투쟁에서도 문제 해결 방법을 향상시키기 위해 노력해야 합니다. 이 방면의 성장은 우리 마음 속 기쁨을 가져다 주는데 필수요소입니다.

고통스러운 경험을 극복하고 가장 중요한 가치를 실현하는 능력을 기르도록 합시다. 그럼 거절부터 먼저 시작해보죠.

거절 극복하기

거절은 우리가 경험하는 가장 흔한 상처입니다. 윈치 박사는 이를 피부에 난 상처로 비유합니다. 종이에 베었을 때처럼 작은 상처일 때도 있고요. 칼에 배를 찔렸을 때처럼 안팎으로 피를 흘릴 수도 있습니다. 이는 그저 누구에게서, 어떻게 거절 받느냐의 차이입니다. 하지만 상처가 제대로 치료되지 않으면 감염되어서 큰 문제가 되고, 심지어 사망에 이를 수도 있겠죠.

거절의 고통은 유대와 소속감에 깊이 연결되어 찾아옵니다. 누군가, 무엇인가가 우리를 고립시키고 받아들이지 않는 듯한 느낌을 주면, 공격도 깊게 다가옵니다. 우리를 거절하는 사람이나 사건이 우리에게 중요할수록, 그 트라우마가 생명과 직결될 가능성도 높아집니다. 뇌 속에 그런 고통을 입력하는 부분은 사실 육체적인 고통을 관장하는 부분과도 일치합니다.

그래서 우리는 감정적인 상처와 치유 방법을 더 능숙하게 배워 갑니다. 또한 우리는 아이들에게도 상처를 효과적으로 치유하는 방법을 가르쳐야 합니다. 가이 윈치는 이를 감정적인 위생이라고 부르며, 샤워하거나 이를 닦는 것처럼 규칙적으로 연습할 수 있는 일이라고 설명했습니다. 그러다 상처가 너무 깊으면 물론 전문가에게 도움을 요청하여 치유해야 하고요.

자, 여기 거절의 고통을[25] 치유하고 더 큰 성장 및 변화를 위하여 에너지를 키우는 몇 가지 방법을 준비했습니다:

자기 비판하기

어떤 종류의 거절을 경험하든 부정적이고 자기 비판적인 생각을 목록으로 적어보세요. 사랑하는 사람, 가족에게서나 직장, 사회에서 겪는 거절 모두요. 그 자기 비판의 각 요소에 반론을 제기해보세요. 반박을 내면화하는데 시간을 투자하여 비슷한 일이 다시 일어났을 때 빠르고 효과적으로 다룰 수 있도록 하세요.

---

[25] 같은 책, pp. 17-35.

당신이 직장의 승진에서 제외되었다고 생각해보세요. 영혼의 상태에 따라서 당신은 거절에 대한 이유를 생각하기 시작하겠죠. 거기에는 분명 어느 정도 자기 비난적인 평가가 있을 겁니다. 생각이 명쾌하게 흐르지는 않더라도 마치 화살처럼 느껴질 겁니다. 반론을 제기하는 것은 상처를 치유하고 이를 방해하는 요소를 제거하는데 도움이 됩니다. 상황의 더 큰 그림을 솔직하게 그려봄으로써, 거절을 더 잘 이해하고 진짜 이유를 알아낼 수 있습니다. 누군가가 "너는 너무 느려. 너는 일처리 하는데 너무 오래 걸리더라."라고 비판한다면 "나는 원래 쉽게 간과될만한 문제를 더 깊이 다루기 때문에 시간이 더 걸려."라고 반박할 수 있겠죠. 자기 비판은 객관적이지 않은 경우가 많다는 것을 기억하세요; 오히려 불안함에서 오는 자동 반사적인 반응일 겁니다. 스스로의 가치로 어려움을 겪고 있다면 자신과 타인을 향한 연민의 목소리를 모아보세요. 여러분 논거의 핵심은 스스로를 공격하려는 욕망에 대항하고 당신의 자산을 분명하게 표현하는 능력입니다.

당신의 가치를 분명히 하세요

당신이 스스로에게 가치를 부여할 수 있는, 거절과 관련된 5가지 속성을 생각해보세요. 상위 3가지를 골라 각 가치의 중요성과 이들이 삶에 긍정적으로 영향을 미치는 방법에 대해 짧은 글을 적어보세요. 그 자질과 자아상의 연결포인트와 중요도도 설명하세요. 위의 예시에서 더 나아가 봅시다. 당신이 내성적이고 탐구적인 사람이라면 진실에 대한 개방성이 가치 있는 자질일 겁니다. 간단한 결론을 내기보다 무슨 일이 일어나는지 진정으로 알고 싶어하는 사람이죠.

사회적 인맥 강화하기

삶에서 자신이 원하는 사람들에게 좀 더 의도적으로 천천히 다가가보세요. 잘 맞는 지원 단체에 가입하세요. 가족이나 친구들이 담긴 사진이나 기념품을 가까이하고 기억하도록 노력하세요. 가장 좋아하는 커피숍, 해변가, 호숫가 등 당신을 기분 좋게 만드는 곳에 가세요. 가장 가깝고 긍정적인 관계도 되돌아보세요. 의미 있는 이메일이나 편지를 읽으세요. 사랑하는 사람의 사진이나 영상을 감상하세요. 일단 이런 실천이 적응되면, 수용과 가치의 감정을 기르고 스스로 부정적인 생각을 관리할 수 있도록 격려하게끔 계획해보세요. 물론 이 과정이 매우 중요합니다. 우리의 삶에는 성숙하고 다정한 사람들이 필요하고 이들과 함께 할 때 우리는 전진하기 때문에, 그런 사람들을 곁에 둘 필요가 있습니다.

외로움 극복하기

관계를 가장 중요한 가치(물론 실제로도 그렇습니다)로 설정한 후, 관계를 더 크고 강하고 유동적으로 키우는 것을 우리의 우선 순위로 두어야 합니다.

이러한 능력이 약해지면 무슨 일이 일어날까요? 주님이 좋지 않다고 언급하신 첫 번째, 외로움에 처할 위험에 놓입니다. (창세기 2:18). 각 생명을 창조하고 난 뒤, 주님은 "보기 좋다"고 말씀하셨습니다. 하지만 주님이 인간에게 선악과에 대해서 경고하고 난 뒤, "사람이 혼자 사는 것이 좋지 아니하니 내가 그를 위하여 돕는 배필을 지으리라 하시니라."라고 말씀하셨습니다. 만성적 외로움의 증상은 다음과 같습니다[26]:

　　임상 우울증

　　자살하려는 생각이나 행동

　　공격성

　　수면 장애

　　고혈압, BMI(체질량 지수), 콜레스테롤, 스트레스 호르몬

　　면역 기능 저하

　　판단, 주의, 집중 장애

　　흡연과 맞먹는 수명 단축 위험

　　전염성: 외로운 사람들과 교류할수록 외로움 증가

　　외로움을 보통 소홀히 하는 경우가 있는데, 이는 피해를 오히려 잠재적으로 증가시킬 뿐입니다. 외로움에 익숙하지 않은 경우라면, 더 은밀하게 퍼질 겁니다. 비교할 근거가 없기 때문에 그 상태가 지속되어 우리의 지각력을 넘어 악영향이 지속됩니다.

---

[26] Ibid, p.38.

외로움의 원인은 다양합니다. 일과 가정의 물리적 거리로 인한 고립; 거절에 대한 두려움과 정서적 고통; 단순히 바쁜 생활. 스스로 보호하거나 감추려 하는 태도 (불신, 의심, 냉소, 불안)와 인간 관계 능력을 위축시키는 행동은 문제를 더 악화시킵니다.

이런 스트레스의 누적은 성장과 변화에 대한 에너지를 더 앗아갑니다. 관계에 대한 수용성도 낮아지고요. 생명을 주는 에너지, 의미 있는 인간 관계가 없이는 삶의 도전과 기회에 반응하는 기회가 완전히 고갈될 수 있습니다. 자신이 능동적으로 인지하는 상태와 수동적으로 타인에 의해 정의되는 상태 사이에서 스스로가 방향을 정하고 싶지 않으세요? 관계적 능력을 기르고 평생 학습자가 되어 지혜와 품위가 있는 성숙한 사람으로 성장하세요.

에너지를 기르는 이러한 태도와 관계를 키우는 능력을 받아들이세요:

두려움을 가지는 것에 죄는 없습니다. 우리의 행동이 상처를 더 키울 수 있습니다.

고통을 극복하기 위해서 우리는 원래 가지고 있는 시각에 도전할 필요가 있습니다.

이런 기존의 내장된 방식을 거부하는 것은 정서적인 위험이 따릅니다.

리스크에는 용기가 필요합니다.

우리는 이런 연습의 반복을 통해서 강인해질 수 있습니다. 근육을 키우는 것은 운동할 때뿐 아니라 지속적으로 반복하는데 의미가 있습니다. 지속적으로 연습하여 습관이 되어야 모양이 나고, 능력을 갖춘 강한 사람이 됩니다. 같은 원리로 관계에 있어서 용기를 키우는 것은 규칙적으로 다음과 같은 기본 운동을 해야 합니다:

부정적인 인식에 도전하기

부정적인 색안경을 벗고 비관주의에 맞서 싸우세요; 스스로가 자기 고립 상태를 극복한 성공적인 모습을 의식적으로 시각화하세요. 작은 걸음 내딛는 것을 두려워하지 마시고 스스로 고정된 틀에서 깨어 나와, 얼마나 오래 갈 수 있는지 시험해보세요. 휴식도 취하시고요. 숨쉬세요. 그리고 다시 시작하세요. 이를 최소한 3번은 반복하세요. 매번 이 연습을 할 때마다 사회적 관계를 위한 기회를 만드는 겁니다.

자멸적인 행동 발견하기

고통스럽고 당황스러웠던 관계나 사회적인 설정 상황을 돌아보고 그 관계를 끊는데 기여했던 3가지 행동을 찾아보세요. 용감하게, 그리고 주의 깊게 이 행동들을 찾아 버리세요. 그냥 놓아버리세요! 이런 행동들이 계속되는 것 같으면 더 연습하세요. 시간이 지나면서 연습한 것이 더 정교해질 것이고 그럼 다른 연습도 추가하세요. 이 리스트를 가까이 두고 사회적 인맥이나 행사 전에 다시 살펴보는 겁니다. 그리고 앞에서 다룬 연습을 이용해 부정적인 자각으로 싸움에 임하세요. 이것도 용기가 필요하다는 것 아시겠죠?

정서적 유대 심화: 공감하기

이는 자각 능력을 키우는 단계가 필요합니다. 우리는 부정적인 감정이나 갈등을 피하려고 하는 편인가요? 끊임없이 타인을 기쁘게 하려고 걱정하고 노력하지는 않나요? 연결과 고립의 양극단을 왔다갔다 하고 있나요? 통제하는데 집착하나요? 남용하는 것을 받아들이는 편인가요? 스스로를 알지 못하면, 타인의 성격을 파악하는 것도 어렵습니다.

타인의 상황에 몰입해보세요: 부자연스러운 곳에 가서 타인의 감정을 상상해보고 그 상태를 파악해보세요. 그리고 자신으로 돌아와 지각한 것들을 사려 깊게 돌아보세요. 그들은 어떤 두려움, 의심, 희망을 가지던가요? 어떤 경험이나 이야기가 그 내적인 역동성을 이끌어내던가요? 그들은 무슨 일이 일어나는지에 대해 어떻게 해석하고 바라보던가요? 타인의 입장에서 이런 지식을 얻고 이해하려는 노력으로 우리는 더 깊은 유대감을 형성할 수 있습니다.

사람은 혼자 있을 수는 있지만 외로워서는 안 됩니다; 함께 하지 않아 외로움을 느낄 수는 있습니다. 혼자 있는 시간은 회복의 시간이 될 수 있지만, 외로운 시간은 해가 됩니다. 나이에 상관 없이 우리가 덜 외로울수록, 긍정적인 성장과 발전을 위한 에너지를 더 갖게 됩니다.

상실과 트라우마 극복하기

상실과 트라우마를 겪어내는 것은 사실 굉장히 힘든 일입니다. 엄청난 가치가 있는 누군가, 무언가를 잃으면 깊은 괴로움과 절망, 상처를 입고 고통 받습니다. 또 핵심으로 가는 길에도 방해가 되고요. 우리의 삶과 자아, 신념, 관계도 파괴합니다[27].

윈치 박사에 따르면, 마치 뼈가 부러지는 듯한 고통이라고 하네요[28]. 모든 것을 지탱하는 내적 구조도 타협의 대상이 되고 맙니다. 고통스러운 분열을 자아내는 트라우마는 우리의 책임, 우선 사항, 활동을 모두 멈추게 합니다. 하지만 용기, 신념으로 열심히 일하면 그 깊은 곳에서 찾을 수 있는 보물이 분명히 있습니다.

외상후 성장의 소중함

우선 순위를 정하면 삶을 의미 있는 방향으로 바꿀 수 있습니다. 쳇바퀴 같은 삶을 억지로라도 바꾸면, 자신과 사랑하는 사람에게 중요한 일들을 깊이 생각하고 평가할 기회를 얻게 됩니다. 그렇게 어려운 선택과 결정을 내리는 시간이 생기면, 목적 의식을 깊이하고 방향을 뚜렷이 하며 의지를 강하게 할 수 있습니다.

---

[27] 같은 책, p.75.

[28] 같은 책, pp.75-102.

이 과정을 위해 속도를 줄이고 조금씩 나아가면, 우리의 관계도 더 감사할 줄 알게 됩니다. 그러면 우리의 시각과 삶의 중점도 활동이 아니라 사람, 인간관계로 옮겨지고 우리는 자유롭게 됩니다. 이 모든 것은 우리의 영혼에 너무나도 중요한 것입니다. 그렇게 덜 걱정하고 피로를 풀고 평화로운 상태가 되는 것이죠. 그런 점에서 이 과정은 치유의 과정에 더 가깝습니다.

채굴처럼 파내고 조사하고 접근성을 만들어가는 일이기 때문에, 외상후성장은 내적인 삶의 노력이 상당히 요구됩니다. 하지만 그 결과로 얻는 이점은 더 원대한 목적·성취·평화입니다. 여러분은 이를 위해서 시간, 노력, 자원을 투자할 충분한 가치가 있나요?

우리가 노력해야 하는 부분은 세계관입니다. 왜일까요? 트라우마의 파괴적인 힘은 우리에게 새로운 현실을 강요하고 기존에 가지고 있던 자아와 삶에 대한 이야기에 도전하기 때문입니다. 우리는 이 경험으로 두려움·고통·슬픔을 느낍니다. 결국 상실과 트라우마는 우리를 치유하지 못하고 정의되기보다 정의하는 삶이 될 수 있는 회복력도 앗아갑니다.

발굴 활동:

- 상실 직후: 상실에 대해 이야기해도 좋고 아니어도 좋습니다. 당신이 그 상실에 연결된 정도에 따라 이야기하지 않는 편이 치유에 도움이 될 수 있습니다. 마음 속에 무한으로 그 생각을 반복하지 않는 것이죠. 혹은 그 반대로 하는 것이 더 나을 수도 있습니다. 밖으로 표출하는 것이 고통을 소화하고 마음을 더 맑고 평안하게 하는 방법일 수 있다는 뜻입니다.

- 스스로가 잃은 것으로부터 회복될 준비가 되었다면, 이 연습을 해보세요[29]:
- 그 사건이 일어나기 전에 가지고 있었던 긍정적인 가치와 자질을 10가지를 적어보세요.

> 추가로 어떤 가치와 지금 가장 멀리 떨어져 있고 덜 표출되는지 체크해보세요.
>
> 왜 더이상 그 가치들을 표출해내지 못하는지 간략하게 적어보세요.
>
> 또한 그 가치를 자신보다 더 잘 표현할 수 있는 사람, 활동, 출구도 생각해보세요.
>
> 그 중 어떤 일이 할 만한지, 감정적으로 견딜만한지 순서를 매기세요.
>
> 편안한 정도 내에서 그 목록을 위해 목표를 정하고 연습해보세요. 예를 들면, 가장 쉬울 것 같은 일 3가지를 90일간 실천해보는 거죠. 그러고도 괜찮은 것 같으면 그 다음 3가지를 또 해보고요. 그럼 총 6개월의 시간이 흐르겠죠? 그 시점에서 계속 3개월 주기로 실천을 하거나, 더 장기적인 목표가 될 것 같은 일을 마음 속에 그릴 준비를 하세요. 이런 싸움과 회복을 소화하는 것에서부터 (다음 연습), 삶을 변화시키는 최고 목표를 꿈꾸고 추구할 영감을 얻을 수도 있을지 모르잖아요!

---

[29] 같은 책, p.90-91.

- 더 큰 성장을 위한 준비가 되었다면, 자신만의 합리적인 연습을 더 깊이 실천하세요[30]. 사건들을 당신의 추정과 믿음의 틀에 맞추도록 노력해보세요. 그렇게 그 사건들이 이해할만하고, 용기와 연민을 키우는데 도움이 될 수도 있습니다.

  ○ 이유가 아닌 과정에 대해서 반복적으로 생각해보세요. "왜"는 질적으로 다른 생산적인 사고 방식을 유도합니다; 즉, 이유를 찾아내면 생각하는 범위와 더 큰 존재적·영적·철학적 결과를 얻어 이해하게 됩니다. 더 큰 그림을 보아야지만 의미와 내적 공간을 찾는데도 도움이 됩니다.

  ○ 이 모든 것들이 융통성 없는 시각으로 거시적 맥락과 신선한 이해, 새로운 관점을 고려하지 못하게 합니다.

  ○ 연습[31]:

  ○ 그 사건이 일어나지 않았더라면 지금 우리의 삶은 어떻게 다를까요?

  ○ 어떤 방법으로 해야 사건의 결과가 더 나빠질 수 있었을까요?

  ○ 어떤 요인이 더 나쁜 결과를 방지했나요?

---

[30] 같은 책, p.94-95.

[31] 같은 책, p.99.

○최악의 결과가 나타나지 않아서 얼마나 감사한가요?

이러한 질문에 대답하는 연습은 물론 고통스러울 수 있으나 교통 사고 후에 받는 물리 치료처럼 움직임을 도와주고 회복도 도와줍니다. 재생을 위한 활동 과정이 자아에 대한 감각과 삶에 대한 이해를 회복시키고 기운을 북돋는 것이죠. 스스로가 상실과 트라우마를 정의해야 하는 위치에 서서, 그 상실과 트라우마가 우리를 정의하지 못하게 하는 것. 그렇게 우리는 성장과 변화를 위한 숨겨진 에너지와 동력을 찾을 수 있을 것입니다.

죄책감 극복하기

죄책감: 영웅인가 원흉인가?

풀리지 않은 지나친 죄책감은 성장을 저지합니다. 물론 죄책감으로 영웅이 되어 중대하고 가치 있는 변화를 일으키는 힘을 얻을 수도 있습니다. 하지만 그로 인해 여러분의 인생에 큰 피해가 가게 하지는 마세요. 죄책감은 특정한 제한적인 기능만을 가지고 있습니다. 잘못된 것을 효과적으로, 공정하게 고치는 일이죠. 죄책감은 우리의 성장과 발전을 침체시킵니다. 그 죄책감을 관리하지 않으면, 진정한 자아와 최고의 미래를 분리하게 될 것입니다. 그리고 감정적 에너지도 소모하고 고갈될 수 있고요. 자아와 운명에 대해서 긍정적인 시각을 잃으면 변화와 성장에 대한 그 어떤 희망도 사라집니다.

처음 저지른 잘못이나 상처뿐 아니라 계속 순환하는 상처와 죄책감, 그에 대한 도피와 공격성으로 문제는 더 커집니다. 전혀 위험하지 않은 것 같은 문제가 나중에는 우리의 관계까지 오염시키는 수준으로까지 악화되는 것입니다.

그럼 죄의식에 사로잡힌 상태란 무엇일까요? 죄의식은 방법론의 전환이라는 의미가 있을 순 있지만, 사실 분노와 피상적·형식적 행동, 관계의 거부만 있을 뿐입니다. 오히려 진실된 변화를 위한 에너지나 동기는 고갈시키고요.

그렇다면 우리는 이러한 죄의식을 어떻게 다루고 앞으로 나아갈 수 있을까요? 죄의식이 우리를 조종하는 것이 아니라 우리가 죄의식을 소화할 수 있다면, 우리는 약점을 강점으로 전환하고 단점을 장점으로 보완할 수 있습니다. 죄의식을 모든 일의 원흉으로 만들지 않고도 회복력과 공감력을 자유롭게 기를 수 있습니다. 악당 같은 죄의식은 우리에게 건강하지 않은 존재와 행동 양식을 고착시킵니다. 그리고 본질적인 존엄성도 부숴버리고요. 나아가 타인을 바라보는 시각도 비뚤게 만들거나 오염시킵니다. 고통스러운 상실이나 죄의식을 관리하지 않아서 저지른 파멸적인 실수는 영원한 보상을 시도조차 하지도 못하게 합니다. 하지만 삶이란 실수를 저지르지 않는 것이 아니라 항상 그 실수를 만회하는 노력의 길입니다. 가족도 후회나 가치 상실로 압력을 받으면 건강할 수 없습니다. 생명력을 불어 넣는 행동이란 진실한 삶과 가치 평가로 동력을 얻습니다. 그래서 이를 북돋으며, 용서하고 용서 받는 방법을 생각해내야 합니다.

아래는 윈치 박사의 몇 가지 제안입니다[32]:

효과적으로 사과하기

우리는 효과에 상관 없이 모두 사과를 주고 받는 당사자입니다. 사과를 잘할 수 있는 방법을 나열해보겠습니다. 먼저 우리가 상대방의 기대치를 미치지 못했거나, 경계선을 넘어 잘못했다는 점을 인정해야 합니다. 이 때 분명한 어조로 후회하고 인정하는 것이 중요합니다. 상대방의 감정이 타당하다고 언급하고 용서를 구하세요. 용서를 받지 못할 수도 있음을 인지하고 세심하게 그 거절을 받아들이세요. 그 사람은 용서를 해야 하는 사람이 아니라, 공격으로 상처 받은 사람이기 때문입니다. 진심으로 뉘우치면 타인의 응답에 겸손과 인내심으로 대할 수 있습니다. 어떻게 해야 우리가 후회하고 슬퍼하고 있음을 실제 표현할 수 있을까요? 이 역시 세심하게 상대방의 요구에 응하면 됩니다. 속죄하면 이 과정 역시 쉬워집니다.

자기 용서 연습하기

우리가 공격하고 상처를 준 사람으로부터 용서를 받는 것과 동시에 스스로를 용서하는 것도 중요합니다. 그래야 우리는 삶을 더 즐기되, 죄의식이나 해를 끼친 사람을 피해야 하는 충동도 줄일 수 있기 때문입니다. 우리는 스스로를 충분히 혼냈다고 인정해야 하며, 그 과정을 감정적으로 노력해야 합니다.

---

[32] 같은 책, pp.103-139.

먼저 완전히 책임을 지고 잘못에 대해서 정직하게 계산해보세요. 행동과 그 영향에 대해 분명하게 인식하는 겁니다. 핑계나 극단적인 비난이 아니라 가능한 객관적으로 자신이 한 일을 돌아보세요. 전체 맥락도 확인해야 합니다; 이 과정은 삶의 단계나 정서적·감정적 건강을 똑바로 인식하는 일도 포함할 수 있습니다. 위대한 진실이 없다면 우리는 계속 이런 부정적 상황에 갇히고 말 것입니다.

두 번째, 관계에 있어서 의도적으로 변화를 만들고, 생각·습관·행동·라이프스타일 등에서 그 공격의 반복을 최소화시키세요. 근본적인 변화일 수도 있습니다. 이전 장에서 다루었던 그러한 변화가 예시입니다. 하지만 가끔은 이 과정을 통해서만 진정한 용서를 이끌어낼 수 있습니다.

우리는 모두 다양한 방식으로 실수하고 또 실패합니다. 죄의식을 갖고서도 건강한 관계를 유지하는 것은 분명 어려운 일이지만 필수적인 일이기도 합니다. 우리는 긍정적인 변화의 혁명으로 성숙하고 진화하기 때문입니다. 용서 역시 이 관계를 튼튼히 할 것입니다.

실패 극복하기

여러분은 실패가 얼마나 멋진 일인지 아시나요?

그렇습니다. 실패, 특히 의미 있는 실패는 항상 아프고, 우리의 사기도 꺾으며 실망스럽습니다. 그렇지 않을리가 있나요. 또 자존심과 자신감도 항상 큰 타격을 입습니다. 깊은 두려움도 생길 수 있습니다.

실패는 마치 기침 감기를 앓는 것과 같습니다[33]. 언제나 너무 아프고 제때 치료하지 않으면 폐렴에 걸릴 수도 있습니다. 감정적으로는 수치심이나 만성적인 무력함, 심지어 임상적인 우울증으로 볼 수도 있습니다. 이러한 병은 "충분하지 않다"는 생각이 낳은 결과입니다. 나는 충분히 좋은 사람이 아니다. 충분히 똑똑하지 못하다. 별로 중요하지 않다; 시간도 충분하지 않고 돈도 별로 없다. "충분하지 않다"는 생각이 우리의 주제가가 되는 순간이죠. 자존심이 낮으면 이런 생각이 신념이 되어버려 회복력을 완전히 앗아갑니다.

우리가 스스로와 환경에 대해 부정적인 시각을 키워 나갈수록, 실제로 어떤지 상관 없이, 손해는 더 크게 지속됩니다. 이는 우리에게 몇 없는 선택권만 남깁니다. 포기하는 것 말고는 별로 없죠. 그리고 실제로 포기해버리면, "충분하지 않다"는 그 관점이 이기는 거고요. 그 관점이 바뀌지 않으면 기본 마음가짐이 되어버립니다. 결핍에 대한 깊은 감정은 우리가 목표 달성을 위한 그 어떤 지지나, 자원, 서비스, 기회도 보지 못하게 합니다.

이때 사실 충분하지 않은 것은 실패에 대한 분명한 이해입니다. 부족하다는 색안경으로 보는 실패는 우리를 약하게 만듭니다. 충족하다는 마음 가짐으로 보는 실패는 오히려 힘을 줍니다. 두려움 없이 실패를 가두면 우리는 문제

---

[33] 같은 책, p.173.

들을 극복하는 우리의 능력을 볼 수 있게 됩니다. 내면에서 찾지 못하면 외부에서 찾고요. 실패는 사실 우리가 리더십·전략·실행력을 기르는데 필수 요소입니다. 실패란 단순한 시뮬레이션이 아니라 진정한 문제에 실제 관여하는 지표이기 때문입니다.

무슨 사업과 관련된 이야기 같지만, 이는 사실 가족을 만드는 데도 적용되는 이야기입니다. 우리는 부족함으로 만들어진 마음 가짐이나 영혼으로 건강하고 성공하는 가족을 만들 수 없습니다. 아이들의 첫 6년은 환경을 흡수하는 시기입니다. 감각으로 받아들이는 모든 정보가 아이들의 삶과 세상에 대한 관점을 만듭니다. 태아로 있던 시절에도 엄마의 피는 엄마가 경험하는 모든 감정과 화학 작용, 호르몬을 전달합니다. 이는 성장과 발전의 준비 단계에 더해져 아이가 정상적인 어른으로 자라나는데 필요한 요소로 작용합니다. 출생하면서 아기가 보고 듣는 것과 사람은 그들의 의식을 계속해서 형성합니다. 그래서 부모가 현명하고 건강하게 지탱해주면, 배움과 성장, 리스크를 질 줄 알고 스스로를 표현할 수 있는 개방성에 대한 기반을 갖게 됩니다. 하지만 불안정함, 불안함으로 만들어진 가족 환경은 두려움과 걱정을 낳을 뿐입니다. 이는 지속적으로 보호 모드를 유지해야 하기 때문에 수용과 타당성을 위해 싸우게 됩니다.

이는 우리가 어떻게 실패를 소화하는지에 달려 있는 문제입니다. 우리의 반응이 개방성, 용기, 사랑을 기른다면 가족도 그러한 문화 속에서 성장하도록 이끌 수 있습니다. 하지만 부족함에 대한 인식으로 굴복하게 되면, 가정 환경은 불안정, 걱정으로 가득 차게 됩니다. 아이들도 초기 발달 과정에서 간단하게 환경에 대한 신호를 다운로드하면, 미래의 행동과 태도를 운영 체제 속에서 형성하게 됩니다.

실패를 극복하는 연습을 하세요. 다음 방법으로 실패를 효과적으로 넘겨 당신의 리더십·전략·수행 능력을 키우세요:

● 실패를 준비 과정이나 수행 능력에서 변화의 필요성을 인식하는데 사용하세요. 저는 낚시를 가서 아무것도 잡지 못하면, 귀가하는 시간을 활용하여 무엇이 잘못되었는지 생각해봅니다: 장비(낚싯줄, 미끼, 낚싯대), 낚시 장소, 머무르는 시간, 환경 조건에 대한 저의 해석 (연중 어떤 때인지, 물의 온도와 정화도, 바람). 그리고 머리 속이나 글로 잘 된 일과 잘 안 된 일, 다음엔 어떻게 개선할 수 있을지 기록합니다. 물론 취미 삼아 하는 낚시에서 실패하는 일이 엄청난 일은 아닙니다. 그럼에도 불구하고 제 자존심에는 상처가 가더라고요.

더 심각한 수준에서 큰 실수를 하면, 저는 정말로 기분이 너무 안 좋아져 죄책감과 굴욕감까지 느낍니다. 그 고통으로 잠을 잘 못 잘 때도 있습니다. 제가 그런 고통에서 빠져나올 수 있게 도와주는 요소는 바로 제가 한 일에 대해서 즉각적으로 인정하고, 빨리 책임을 지는 것이더라고요. 손해와 개선할 점에 대해 생각해보면서 말이죠.

이렇게 함으로써 스스로와 타인에 대한 사랑의 중심을 키우는 신념·가치·인식을 가질 수도 있습니다. 바로 평생 영혼을 고무시키는 훈련입니다. 이 내적 기반이 우리가 실패에 대해서 유동적으로 생각과 행동하는 방법을 바꿀 수 있게 합니다.

9. 실패를 새로운 기회로 이용하세요. 예를 들어, 당신이 농구 선수가 되려고 노력했다가 실패했다고 가정해봅시다. 그 이유는 수없이 많을 겁니다. 신장, 속도, 기술; 다른 선수가 더 뛰어나다든가 코치가 지지하지 않았다든가 하는 등이요. 그래서 당신은 종목을 축구로 바꿨습니다. 그리고 열정도 갖게 되고 성공하게 됩니다. 당신의 팀이 챔피언십에 출전해 우승까지 합니다! 실패가 결국엔 미래의 성공으로 이끈 셈이죠. 이는 사실 제 아들의 예시입니다!

10. 실패를 당신을 더 강하게 만드는 수단으로 이용하세요. 다이애나 나이아드(Diana Nyad)는 훌륭한 예입니다. 그녀는 64세의 나이로 쿠바에서 플로리다까지 장거리 수영에 성공한 첫 번째 인물입니다. 111마일, 43시간, 상어 보호막이나 큰 지원팀도 없이. 그녀는 30세에도 못했던 일을 64세에 이루었습니다. 사실 그녀는 과거 3번의 참패를 맛봤습니다. 첫 번째 시도 후, 그녀는 30년간 수영을 하지 않았고요. 하지만 3번의 시도 끝에 결국 성공한 것이죠. 그녀의 이야기는 단순히 정점에 이른 사람이 아니라 대담하고 영웅적이면서도 창조적인 결정을 하는 사람에 대한 이야기입니다. 실패는 우리가 개선할 점을 발견하게 합니다. 우리는 용기를 가지고 무엇이 우리는 저지하는지, 이를 극복하는 발전과 그 자원을 알아보게 됩니다.

11. 성공을 넘어 이 여정의 중요성과 가치를 높이세요. 최근 연구에 따르면, 실제 목표를 이루는 것보다 그 목표를 향해 점진적으로 나아가는 것이 행복을 지속한다고 합니다. 이런 점에서 실패는 지나친 고통을 주지 않습니다. 목적지보다는 그 길이 더 중요하기 때문이죠.

실패를 재구성하는 것이 어렵다면 당신의 운영 체제에 건강하지 않은 구시대적 반응·관례가 있기 때문일 겁니다. 그래서 이런 제안의 실천이 불가능한 것이고요. 그렇다면 질문을 이렇게 던져보죠. 이 관례를 대체할 건가요? 스스로에게서 이 속박을 깨뜨릴 수 있나요? 그렇게 못하겠다면, 왜 굳이 매달리고 있나요?

실패를 긍정적으로 다루는 것은 지속적이고 역동적인 변화와 성장을 위한 에너지를 키웁니다. 우리가 성숙하게 실패에 대해 인식하면, 그만큼 새로운 시도를 더 자유롭고 용감하게 할 수 있습니다. 특히 우리가 갇혀 있을 때 말이죠. 새로운 방식·생각·경험에 개방적일 때 성장과 발전의 기회를 누릴 수 있습니다. 그러면 행복과 웰빙은 따라오는 결과일 것입니다.

주요 교육적 요소: 실패, 환경, 영혼

당신의 아이들은 시간 관리를 얼마나 잘 하고 있나요? 감정, 고통, 외로움, 지루함, 자유는 잘 관리하고 있나요? 집안일 같이 가족으로서 기여하는 활동에는요? 이러한 삶의 다양한 요소를 잘 관리하는 것은 사실 빠르게 배울 수 있는 것이 아닙니다. 그렇다고 말만 장황하게 해서 될 일도 아니고요. 그래도 노하우를 공유할 수 있습니다. 서로 가르쳐야 합니다. 하지만 부주의로 그냥 아무 말이나 던지는 일이 되어버릴 수도 있습니다. 물론 건강한 관리라는 것의 모델을 하나 정할 수도 있겠지만, 그렇다고 해서 우리가 원하는 결과를 이룰 수 있는 것은 아닙니다. 오히려 시행착오로부터, 실수와 실패로부터 배워야 합니다. 이는 우리가 부모로서 두 가지를 해야 한다는 뜻입니다:

- 우리는 아이들에게 시도하고, 실패하고, 배우고, 다시 시도하고 그렇게 반복할 기회를 주어야 합니다. 물론 감당할 수 있는 범위 내의 실수를 이야기 하는 겁니다. 너무 깊이 떨어져 치유할 수 없는 정도의 부상은 피해야겠죠. 아주 주관적인 일이라는 것을 저도 잘 압니다. 계속 읽어주세요.

- 우리는 집에서도 배움의 환경을 만들어야 합니다. 예를 들면 결과가 나오기 전에 공감 능력으로 관계에 대한 권리를 부여할 수 있겠습니다. 화내기보다 슬퍼하고, 의지를 굳게 유지하세요. 동시에 스스로의 약점과 투쟁, 실패에 대해서도 진실되게 행동하고 배움과 변화를 실천하여 존재할 수 있음을 보여주세요. 내적인 삶의 역동성에 대해서 잘 가르칠 수 있는 사람이 되세요. 영혼을 중히 여기세요. 제가 공유했던 것을 모두 종합적으로 실천해보세요.

건강한 영혼은 우리가 이 모든 것을 실천하고 감당할 수 없는 실수와 감당할 수 있는 실수를 구별할 수 있게 도와줍니다. 우리가 바쁘고 불안하고 걱정이 많아 스스로를 통제하기가 어렵다면 (우리의 영혼을 돌보지 못한 결과로), 아이들은 실수와 실패를 통해서 가장 큰 배움을 얻고 지지할 수 있게 될 것입니다. 충분한 연습으로 적절한 환경이 만들어지면, 아이들은 스스로 배움과 회복, 결정을 내리는 능력과 능숙함, 자신감을 기릅니다. 그 결과는 책임감이 강하고 독립적인 사람이 되는 것이고요.

그러니 이제 실패를 피하지 마세요. 완벽함을 추구한다면 용감하게 자신을 실패로 내몰아보세요. 그 누가 완벽주의자란 약하지 않다고 했나요? 실패로 오히려 더 꼼꼼한 완벽주의 근성을 이뤄낼 수 있을 겁니다. 세상에서 재능, 에너지, 완벽주의자의 힘이 수많은 실패를 낳는 문제에 적용되면 어떤 일이 일어날까요? 동료, 학생, 가족 구성원에게도 실패를 두려워하지 말고 실수로부터 배워 자유로워지라고 용기를 북돋아주세요. 그리고 스스로도 실패에 대해 건강하게 마음을 열고 배우려는 능력을 지속적으로 키우세요.

낮은 자존감 극복하기

강하고 안정적인 자기 가치를 가지는 혜택에는 무엇이 있을까요?

그 혜택은 건강한 면역 체계와 같습니다[34]. 우리는 거부나 실패로부터 받는 공격에 덜 취약한 상태가 되고요. 좌절로부터도 더 빨리 회복합니다. 실수로부터 더 잘 배우게 됩니다. 삶의 균형을 잡는데 건강한 경계선을 만들어 만성적인 스트레스도 줄어들게 됩니다. 우리는 각 삶의 단계에서 건강하게 발전할 수 있는 에너지를 가지고 있습니다.

하지만 자존감이 낮은 경우에는 어떻게 될까요? 자기 비난을 하게 됩니다. 우리는 모든 일을 개인에 대한 부정적인 피드백으로 받아들여 스트레스 받습

---

[34] 같은 책, p. 213.

니다. 이는 자기 통제력을 감소시키고 실수와 실패의 무게를 더 키웁니다. 그리고는 다시 자기 비난을 하는, 그야말로 악순환을 겪게 됩니다. 우리는 거부와 실패로 인해 더 큰 고통을 경험합니다. 결과적으로 자아를 잊고 진정한 자아가 아닌 모습으로 발전하게 됩니다. 우리는 실패 이후에 그 의미에 대해서 지나치게 일반화해 그런 상황에 버티기 더 어려워집니다. 그러면 당연히 필요한 것을 배울 수도 없게 되죠. 우리는 걱정과 우울함에 더 약해집니다. 그래서 혈중 코티솔의 보유량도 높아집니다. 이는 신체적인 영양도 앗아갑니다.

아무 조치도 하지 않으면 어떻게 될까요? 상실이나 트라우마로부터 회복하기가 더 어려워집니다. 적응력도 낮아지고요. 스스로를 고립시켜 거부와 고통의 위험을 최소화하려 할 겁니다. 우리는 자기 보호를 강화하고 감정적인 영양·도움·지지에 마음을 열지 않게 됩니다. 코티솔이 쌓이면 고혈압·면역 체계 약화·갑상선 압박·근육과 골밀도 감소·인식 능력 약화도 겪게 됩니다.

이러한 문제를 지적하지 않고 그럴 가치도 없다고 느끼면 이는 자아의 한 부분이 되고 맙니다. 우리는 긍정적인 말과 용기를 거부합니다. 그러한 부정적인 자기 인식에 동조하지 않는 모든 일과 사람을 거부하게 됩니다. 이는 개인 관계에도 아주 큰 문제가 되겠죠.

그렇다면 스스로가 인식하는 자신의 가치를 어떻게 높일 수 있을까요? 이렇게 시작해보세요:

우리가 정서적 면역 체계(자존감)를 강화해야 한다는 사실을 인정하고 스스로를 공격하지 마세요.

머리 속에 맴도는 감정적 학대의 목소리를 제거하려 애쓰지 마세요; 더 다정하고 힘을 주는 목소리에 귀 기울이세요.

자기 연민을 키우면 태만해지고 성과를 줄인다고 생각하지 마세요(결과적으로 낮은 자존감을 만드는 생각).

낮은 자존감을 높이는 연습을 하세요. 스스로의 강점을 찾아 긍정적으로 받아들이세요.

- 종이 2장을 준비하세요.
- 첫 번째 장에는 당신에게 가장 의미 있는 기여점과 성취를 10가지 목록으로 적어보세요.
- 브레인스톰을 하면서 부정적이거나 냉소적인 생각을 두 번째 장에 적으세요.
- 첫 번째 장에서 가장 중요한 것을 골라 왜 그만큼 큰 가치를 지니고 있는지 짧은 글을 써보고, 미래에 어떤 도움을 희망하는지도 적어보세요.
- 글을 완성하면 두 번째 장은 구겨 버려버리세요.
- 다음 날, 첫 번째 장에서 다음 요소를 골라 똑같이 적어보고요.

추가 연습으로 거부, 외로움, 죄책감, 실패에 대해서도 비슷하게 해보세요. 용기를 키워 자기 가치의 자신감과 명료함을 키울 수 있는 연습 체계를 구축하세요.

이 연습으로 우리는 나르시시즘 같은 높은 자존감을 목표로 하는 게 아닙니다. 오히려 자신감과 수치심을 모두 인정하고 건강하게 자기 가치를 올리려 하는 것입니다. 그래야 정서적인 고통에도 마음을 열고 효과적으로 관리할 능력이 생기기 때문입니다. 강인하고 안정적인 자존심은 우리가 용감하고 연민이 있는 솔직한 사람이 되도록 도와줍니다. 나아가 우리는 가장 중요한 사람들과 의미 있고 적절하게 유대하는 주요 목적을 이룰 수 있게 되죠.

마무리

성장하려면 에너지가 필요합니다. 아주 간단한 원리죠. 에너지가 없으면 성장도 없습니다. 우리가 감정적인 문제를 풀어나가는 방법에 따라 우리의 에너지를 늘리거나 고갈시킬 수 있습니다. 그 방법이 성인으로서 개인적인 성장 과정을 저지하기도 하죠. 보통은 그런 문제를 다룰 인식·능력·자원이 없었던 아이들에게 나타나는 현상입니다.

이러한 도전을 효과적으로 극복하는 것이 우리의 결핍 욕구(매슬로우의 위계)를 충족시키는데 도움이 됩니다. 특히 사랑·소속감·자존감에 대한 욕구죠. 많은 사람들이 이 중간 위계 욕구의 충족에 어려움을 느끼고 다음 단계로 나아가지 못합니다. 이는 사회적·문화적으로 내적인 삶을 소홀히 하고 성과·성취·외적 성공만 중시할 때 일어납니다.

내적인 삶의 임무는 각 가족 구성원의 세계관을 강화하고 감정적인 건강을 유지하며, 상처를 극복하고 갈등을 해결해 더 큰 성숙을 위해 나아가는데 중요합니다. 그리고 성장 중심 가족이 다양한 심리·사회적 발달 단계(에릭슨)를 지나가는데 필요한 에너지를 제공합니다. 이 일이 대부분 우리를 해방시키는 신념의 형성, 발전, 변화이고 이는 궁극적으로 스스로와 타인을 더 건강하고 온전한 방식으로 사랑하게 합니다. 누군가의 신념과 인식이 성장한다는 것은 우리가 사랑하는 방식의 가장 결정적이고 근본적인 요소입니다. 우리는 용기와 의지, 용서, 기쁨, 연민을 일으키는 관점과 신념이 필요합니다. 이러한 강력하고 긍정적인 감정 없이 우리의 행동은 지속적으로 가족이 필요한 사랑을 표현하지 못할 겁니다. 우리의 사랑이 모자라 관계가 고통 받으면, 두려움을 기반으로 하는 자신을 발견할 것입니다. 하지만 우리의 신념을 시험하고 변경하며 표현하는 방법을 찾는 힘든 일을 할 때, 우리는 변화라는 여정을 시작하게 됩니다. 세계적으로 가족의 역기능은 사실 신념이 문제가 생길 때 흔히 찾아볼 수 있습니다. 이로써 평생 어떤 사랑을 하는지도 밝혀지게 되고요.

이는 기본적으로 젊은 사람들에게 중요하고, 신념을 쌓는 것에서 자아를 형성하는 일까지 영향을 미칩니다. 어린 시절 삶·자신·타인·신에 대해 믿는 것은 감정적 위생에 큰 영향을 주고, 성인으로서 지속적으로 성장하는데 필요한 감정적 에너지에도 깊이 작용합니다.

신념과 그 형성은 가정 환경을 만들고 키운 부모에게 중요한 일입니다. 그들의 슬하에서 자라는 아이들의 성장 조건이 그 예라 할 수 있겠죠. 즉, 성인이 되기 위한 여러 단계(친밀감, 생식성, 통합), 길, 에너지가 미리 우선적으로 주어져야 한다는 뜻입니다. 특히 일상적인 책임감이나 휴식, 걱정 이상으로 말입니다. 그렇게 해야 우리 가족에게 무엇이 "좋고", 무엇이 최고인지 구분하게 됩니다. "좋은"에 따옴표를 달았는데, 이는 대부분의 부모가 스스로가 생각했을 때 좋은 일을 하기 때문입니다. 예를 들면 아이들의 일에 지나치게 관여해 아이들 스스로가 싸우고 실패를 경험하게 두지 않는 것입니다. 하지만 이는 사실 아이들에게 가장 좋은 일에서 오히려 동떨어진 일로 아이들이 책임감 있는 사람이 되는 길에서 벗어나게까지 합니다. 우리가 스스로의 감정적 건강을 우선시하고 아이들을 돕거나 통제하는 일을 지양하면, 육아 자체도 스트레스 받지 않고 더 기쁘게 할 수 있습니다.

궁극적으로 높은 수준의 정서적 건강과 위생으로 모든 가족 구성원이 각자의 최고 상태가 되어 최고 잠재력을 발현하는 상태가 지속될 것입니다. 육체적·도덕적·영적·전문적 성장에 대한 영구적인 에너지는 모두가 소명처럼 귀기울여야 하는 가치로 가족·공동체·직장에서도 선견지명이 있는 리더가 되는 데 도움이 됩니다.

우리는 감정적인 에너지의 고갈이 아닌 창조의 중심이 필요합니다. 무엇이 우리의 삶을 중심으로 하는지에 따라(8장 참조) 평화나 혼란의 강한 근거가 됩니다. 그 중심은 빛과 온기의 거대한 힘이기에 우리의 삶은 그 궤도 안에서 안정할 수 있습니다. 하지만 그 중심이 확고하지 않아 일관된 가시적 범위를 만들지도, 내적인 삶의 역동성에 위안을 제공하지도 않는다면, 우리는 싸우거나 도피하는 반응만 보이게 됩니다. 그 상태에서는 자신과 사랑하는 사람의 위대한 성취나 의미 있는 성공의 길을 꾸준히 추구하는 방법도 사라집니다.

*12*장: 건강한 연습과 행동 기르기

개요

우리는 삶의 대부분은 같은 일을 매주, 매달 반복하면서 보냅니다. 저는 그런 삶 속에서 자신과 사랑하는 사람을 지속적으로 성장시키고 서로를 최고로 섬길 수 있는 삶을 원합니다. 3부를 시작하면서 정원사의 비유를 했었죠.

가장 중요한 가족이란 관계에 있어 영혼·관계·리더십의 성장을 지지하려면, 우리는 규칙적으로 내적인 삶을 확장·심화하고 용기를 북돋는 활동을 해야 합니다. 또한 서로의 마음을 연결하는 활동도 해야 하고요. 이번에 제안할 연습은 감정적 위생·훈육·영적 성장을 기르는 기술과 도구를 포함합니다.

우리가 감정적으로 스스로를 돌보는 일은 심오하고 장기적인 영향력을 가지고 있습니다. 성공적으로 아이들을 키우려면 특정한 능력과 기술이 필요하고 이런 기술은 배워나갈 수 있습니다. 영성은 보이지 않는 무형의 원칙과 힘에 따라 신과 자신, 타인을 잇는 삶을 만들어 우리가 지혜와 동기, 자유, 용기, 결의를 가지도록 힘을 줍니다.

가르침, 훈련, 규율

내적인 삶과 관계에 대한 욕구가 지속적으로 충족되면, 우리는 자신 있게 가르치고 훈련하고 단련할 수 있습니다. 그렇게 사랑과 공감으로 한계를 적용할 수 있고요. 아이들을 잘 기르는 것은 획일적인 작업이 아닙니다. 건강한 방법으로 도전 과제와 노력에 대한 지지의 균형을 맞춰야 합니다. 또한 아이들의 자아를 형성하고 그에 영향을 주는 일은 응급 조치처럼 하룻밤 사이의 변화로 이루어지지 않습니다. 오히려 각자의 한계와 문제에 대한 결과, 대화의 일관된 실천으로 가능한 일이죠. 그래서 우리는 끊임없이 헌신하면서도 규율이 있는 훈육 능력을 길러야 합니다.

아이들이 자주성과 결단력, 근면성을 갖추길 원한다면, 나이에 맞는 행동의 한계치와 규율을 배워 육체적·정신적·감정적·관계적·영적으로 강해지는 과정을 거쳐야 합니다. 물론 관계에서 대화도 필수적이고 문제 해결에도 유용하지만, 결과의 중요성에 대해서 잊어서는 안 됩니다. 왜냐하면 부정적인 결과를 활용하여 아이들에게 우리가 생각하는 바를 말하고, 말하는 바를 진심으로 원한다는 이야기를 하지 못하면, 대화는 의미 없기 때문입니다. 아이들은 실패도 하고 그에 따른 진정한 결과도 경험함으로써 다음에는 어떻게 해야 할 것인지 스스로 느껴야 합니다. 우리도 실패와 그에 대한 결과를 배움의 기회로 여기고 "내가 말했잖아."라며 벌주는 식으로 잔소리를 하지 말아야 합니다. 하지만 이러한 결과가 가능하려면, 진정한 한계를 배워야 합니다. 아이들 스스로 감당할 만한 실수까지 방지해 발전의 결핍을 낳아서는 안됩니다. 우리는 아이들이 진정한 삶을 배우도록 도와주고, 용감하면서도 연민 어린 조력자가 되어야 합니다. 인내심을 가지고 아이 스스로 결과를 경험할 수 있게 북돋으려면, 우리가 부모로서 감당할만한 실수와 아닌 것을 구분할 줄 알아야 합니다.

이 발달 과정에 도전하고 지지하기 위해서 우리는 앞의 1부와 2부에서 다룬 기반을 형성할 필요가 있습니다. 우리 스스로가 훈련되지 않은 상태에서 타인을 가르치고 훈련한다는 것은 거의 불가능하기 때문이죠. 우리에게 이런 훈련을 제공해준 부모나 멘토가 있다면 다행스럽게도 바로 시작하기만 하면 됩니다. 그렇지 않은 경우 어른으로서도 이를 깨닫기 위한 힘든 일을 겪게 됩니다. 본 12장과 부록에서 다루는 도구가 그런 점에서 도움이 될 겁니다.

우리가 내적인 삶을 탐구하고 공부하는데 마음을 열었다면, 저는 앞으로 엄청난 일이 일어날 거라고 자신합니다. 용기를 가지세요. 그 원천을 찾으세요. 그리고 자신을 그곳에 심고 성장 중심의 삶을 경험하세요.

경계선 긋기[35]

왜 경계선을 그어야 할까요? 경계선을 그으면 우리가 성공적으로 일과 사람을 관계 짓고 그 속에서 방향을 잡게 됩니다. 이로써 신뢰도 쌓게 되고요. 경계선은 우리를 정의하고 타인에게 우리가 어떤 사람인지 알고 이해하도록 도와줍니다. 경계선이 없이 관계는 고통의 연속이며 신뢰는 무너집니다. 건강한 한계와 경계선을 강화한 진정한 유대가 없다면 삶은 조작과 무관심, 불신, 부정적인 인식과 감정의 연속으로 쇠약해집니다.

---

[35] The Parenting Children's Course (Alpha International, 2011), pp.35-40

무조건적인 사랑으로 만들어진 경계선은 효과적이고 적절한 규율에 필수 요소입니다. 이는 경계선이 사랑과 제한의 논리적이고 합리적인 조합이라는 뜻입니다. 아이들은 자연스럽게 허용치/경계선/규칙을 알고 싶어 하고 누가 이를 강화하는지 확인하려 합니다. 이는 아이에게 신뢰와 안전을 쌓을 수 있는 심오하고 근본적인 요구 사항으로, 자주성과 결단력을 키우는데 도움이 됩니다. 건강하고 효과적인 경계선은 아이들이 자기 통제, 권위에 대한 존중, 안정감을 정의하고 발견하고 발전시키는 것을 권장합니다. 그렇게 세계관이라는 실질적인 필터와 이데올로기를 만들게 되고, 스스로가 건강하고 사랑스러운 개인으로 성숙해지는 것이죠.

경계선이란 도덕적이면서도 창의적인 문제 해결자가 되는데 가히 필수적인 요소라고 할 수 있습니다. 이는 단순히 세계에 긍정적인 영향을 끼칠 뿐 아니라 타인도 같은 일을 할 수 있도록 도와줍니다. 건강한 경계선이 있으면 우리는 욕구를 충족시키는 더 나은 방법을 찾을 권한을 부여 받아 스스로를 보호하게 됩니다. 우리가 하는 일과 그 일이 우리에게 주는 영향, 그 한계를 깨달음으로써 우리는 현명한 결정을 내리고 맹목적으로 순종하지 않을 수 있습니다. 잠자는 것이 그 예인데요. 적당한 휴식과 잠으로 우리의 몸과 마음의 한계를 존중하고 배우면 최적의 상태로 일할 수 있습니다. 여기에 건강한 식습관과 운동 습관까지 더하면, 우리는 끊임 없는 발달과 회복의 길에 있는 것입니다.

이제 스스로를 돌보고 영혼을 유지하는 경계선과 원칙을 정하세요. 당신은 존재 자체에 대한 관리와 그 방법을 통달할 수 있습니다. 또한 스스로를 사회적인 역기능과 대규모 전염병 같은 공모, 부패, 순응을 멀리하는 권한을 갖게 됩니다. 당신은 인류 역사의 큰 그림으로 보았을 때, 변화하는 매개체가 될 것입니다.

"변화는 역사가 합리적으로 돌아가는 맥락입니다.... 우리는 변화함으로써 역사가 합리적인 그 순간을 마주하게 되고, 역사적 성취의 일부가 됩니다. 물론 우리 자신의 세계에서도 말이죠.... 현재 우리의 역할은 죽은 사람들과 죽는 방법을 고민하는 것이지, 새로 태어나는 아기의 산파가 되는 것이 아닙니다."

—린 트위스트(Lynne Twist)[36]

다시 육아로 돌아와, 나이에 맞는 역동적인 경계선 설정은 우리 아이들에게 가장 중요한 일을 추구하면서 우리를 진보하게 하는 해결 방안을 만드는 사람으로 자라도록 가르치고 훈련하고 단련시킵니다. 우리는 비겁하게 순종하고 부패해 결탁함으로써, 삶을 압박하고 착취하는 혼란을 만들 필요가 없습니다. 건강한 가르침, 훈련, 규율로 용기와 사랑, 지혜를 기릅시다. 그리고 모든 분야와 산업의 사람들의 삶을 무한으로 발전시킵시다.

당신의 육아 스타일은 어떤가요? 권위 있는 부모인가요? 아니면 권위적인 부모? 자유방임적인 부모? 아니면 무관심한 부모인가요? 다음 당신의 경향성을 확인할 수 있는 잠재적 지표를 준비했습니다[37]:

무관심한 부모의 아이들:
- 더 충동적입니다.

---

[36] 린 트위스트(Lynne Twist), 돈 걱정 없이 행복하게 꿈을 이루는 법(The Soul of Money), 2003.

[37] https://www.parentingforbrain.com/4-baumrind-parenting-styles/

- 스스로 감정을 조절하지 못합니다.

- 청소년 비행이나 중독 문제에 더 노출되어 있습니다.

- 더 심각한 정신적인 문제와 싸울 수 있습니다.

자유방임적인 부모의 아이들:

- 규칙을 지킬 줄 모릅니다.

- 자기 통제력이 더 낮습니다.

- 자기 중심적인 경향을 가지고 있습니다.

- 관계와 사회적 교류에서 문제를 더 많이 겪습니다.

권위주의적인 부모의 아이들:

- 행복해하지 않는 경향이 있습니다.

- 덜 독립적입니다.

- 불안해하는 모습을 보입니다.

- 자존감이 낮습니다.

- 행동 관련 문제를 더 많이 보입니다.

- 학술적으로 성과가 낮습니다.

- 사회적 기술이 부족합니다.

- 정신적인 문제에 더 쉽게 노출됩니다.

권위 있는 부모의 아이들:

- 행복하고 만족할 줄 압니다.

- 더 독립적입니다.

- 더 높은 학술적인 성과를 냅니다.

- 자존감이 꽤 높습니다.

- 경쟁적인 사회 기술을 이용해 또래들과 어울립니다.

- 더 나은 정신적 건강 상태를 유지합니다. 덜 우울해하고 걱정하며, 자살 시도·비행·음주·마약 사용에 덜 취약합니다.

- 폭력적인 경향성이 낮습니다.

우리는 극단적으로 엄격하거나 방임하는 방식이 아니라 균형적으로 한계치를 정하고 강화해야 합니다. 목표는 역동적인 권위가 있으면서도, 정적이지 않은 부모가 되는 것입니다. 그래야 사랑하는 사람이 항상 진화할 수 있기 때문이죠. 그들이 처한 상태와 더 연결되어 효과적으로 대응하기 위해서 우리는 그들이 스스로의 욕구를 충족시키고 경계선과 한계에 반응하도록 도와주어야 합니다.

자신의 한계치에 대해 도전하고 의문을 가지는 방법도 가르쳐줘야 합니다. 그들이 현실에서 일어나는 일들에 대해 현명하고 건강한 선택을 하며 그에 따른 결과를 맞이할 수 있게 가르쳐야 합니다. 단순히 엄마와 아빠의 세계에서 머무르지 않는 것이죠. 우리가 시간, 돈, 관계, 자기 관리, 영혼 유지를 우선시하고 이를 성취하는 방법과 함께 그들이 어떻게 행동하고 원하는 결과를 낼 수 있는지 가르치고 설명해주세요.

결과를 통해 아이들이 배울 수 있게 해주세요. 자연의 법칙에 따른 결과든, 우리가 만든 결과(무엇가를 압수하거나 타임아웃을 선언하는 등)든 상관없습니다. 그들이 선택하고 감당할만한 실수를 저지를 수 있는 자유를 주세요. 그래야 아이들이 행동에 대한 책임을 배울 겁니다. 화를 내거나 당황해 하는 것이 아니라 공감을 표시하고 부정적인 결과를 허락하세요. 간과해서는 안 되는 궁극적인 목표는 바로 우리 아이들이 스스로 생각하는 방법을 깨우치는 것입니다. 그럼으로써 아이들은 시간이 지날수록 객관적으로 평가하고 숙고할 수 있게 되죠. 주된 요소가 바로 배움, 그리고 적용입니다.

갈등이나 논쟁이 일어나면, 부정적으로 반응하지 마세요. 하고 싶은 일을 생각하되 혼내거나 잔소리하거나 훈계하는 것은 지양하세요. 그래서 아마 그 순간 해야 할 일은 거의 없을 겁니다. 물론 신체적인 상해나 죽음이 임박한 상황이라면 예외적이겠죠. 그런 경우가 아니라면, 시간을 갖고 전체 맥락과 큰 그림을 보세요. 지금 가지고 있는 '왜'라는 질문에서 시작하세요. HALT라는 키워드를 이용하여[38] 당신과 사랑하는 사람이 긴장 상태에 있는 이유를 잠시 멈춰서 생각해보세요.

- H - hunger(배고픔)?

---

[38] The Parenting Children's Course (Alpha International, 2011), p.52.

- A - anxious(걱정스러움)?

- L - lonely(외로움)?

- T - tired(피곤함)?

물론 이는 즉각적으로 생각해본 의미입니다. 각자 이 중 한 가지 이상의 요소를 발견한다면, 그것부터 먼저 다뤄보세요. 맛있는 음식을 드세요. 아니면 위로가 되는 말을 하거나 적절한 터치를 할 수도 있습니다. 잠을 자거나 휴식을 취해도 좋고요.

HALT 외에도, 에릭슨의 심리·사회학적 단계를 이용해 적절하게 경계선을 만들어 큰 그림을 보세요. 갈등이란 무엇이며 그로 인해 얻고 싶은 결과는 무엇인가요? 우리가 아이에게 이제 장난감은 치우고 씻고 잠자리에 들 시간이라고 말해야 하는 상황이라고 해봅시다. 아이가 저항하면서 이렇게 말합니다. "싫어, 그러기 싫어." 어떻게 해야 할까요?

A)   단호하게 안된다고 합니다.

B)   조금 더 놀 수 있게 허락합니다.

C)   시간 제한을 줍니다.

세 가지 모두 상황에 따라 하나의 방법일 수 있습니다. 매슬로우부터 시작해보죠. 아이들의 심리·사회학적 안전과 사랑에 대한 욕구가 충족되고 있나요? 그렇다면, 심리·사회학적 단계를 살펴봅시다. 아이들은 세계를 접하면서 행동이 어떤 결과를 낳는다는 걸 배웠을 겁니다. 그리고 좋아하는 것과 싫어하는 것도 구분 짓고 독립성을 위해 노력하게 됩니다. 즉, "내가 결정하는" 단계죠. 2살짜리 아이는 옷이나 드레스를 스스로 정하고 싶어할 수도 있습니다. 상황에는 안 맞는 옷을 고를 수 있지만, 결정할 수 있다는 경험 자체가 독립적인 감각을 느끼게 해줄 겁니다. 부모가 계속 아이를 위해 옷을 골라주면, 아이는 스스로의 능력을 의심하게 되고 자존감이 떨어져, 스스로를 부끄럽게 여길 수도 있습니다.[39] 이러한 요소를 고려해서 아이의 선택(자율성을 지지)을 존중하고 적절한 시간에 잠자리에 드는 두 가지 모두를 위해 시간 제한을 정하면 됩니다.

정한 시간이 다 지났는데도 아이가 싫다고 하면 어떻게 해야 할까요? 막상 일이 일어나지 않으면 모르는 것이잖아요. 당신은 한 말에 책임지고, 책임질 말만 하는 사람인가요? 당신이 한계라는 것을 어떻게 지키는 사람인지가 더 중요합니다. 공감으로 이를 지키나요 아니면 분노로 이를 관철해나가나요? 자, 그럼 상황을 좀 확장해 HALT, 욕구 위계, 심리사회학적 발달 단계를 적용해서 내면의 상황도 포함해보죠. 이는 최소한 다음에서 말하는 두 가지 요소를 포함할 것입니다.

1. 당신의 전반적인 감정적 상태는 어떤가요? 존재의 전체적인 기분이나 분위기 등을 말합니다.

2. 당신이 아이의 행동과 발달 상태를 이해하는 정도와 이에 대한 이데올로기는 어떤가요?

---

[39] https://www.boundless.com/psychology/textbooks/boundless-psychology-textbook/human-development-14/theories-of-human-development-70/erikson-s-stages-of-psychosocial-development-269-12804/

한계점과 격려에 대한 욕구를 분명히 알고 있나요? 그들이 어려서 가지는 불안함과 성격 형성에 대해 건강한 인식을 가지고 있나요?

이 두 가지 요소는 당신이 스스로에게 하는 이야기를 만들어 논쟁의 순간에 행동과 감정을 결정하게 됩니다. 일관성의 유무에 따라 전략이 성공할 수도, 실패할 수도 있습니다. 훈련은 반복이 필요하고요. 어떤 아이들은 다른 아이들보다 더 많이 반복해야 합니다. 걸음마를 막 뗀 아이들은 보통 700번 정도는 넘어져야 비로소 걸을 수 있게 된다고 합니다. 그렇다면 우리의 욕구는 적절한 방향을 경청하고 따르는데 얼마나 많은 시도를 해야 하는 걸까요? 얼마나 많은 잘못된 결정을 내려야 아이의 욕구가 좋은 결정을 내리고 그 방법을 배울 수 있을까요? 횟수야 얼마가 되었든 우리는 인내심을 가지고 아이들이 더 위대한 발전을 이룰 수 있도록 격려하고 지지해야 합니다.

건강하고 효과적인 한계치를 정하면 배움과 안목, 리더십을 가지고 아이들이 앞으로 나아가는데 도움이 됩니다. 경계선이 있음으로 해서 더 고통스러운 수치심이나 분노, 억압, 죄책감, 불안감을 느끼지 않아도 됩니다. 이러한 감정들은 아이 곁에 사랑과 권위를 모두 갖춘 개인이 없을 때 발생되는 것이기 때문입니다.

우리는 한계를 정하면서 생각과 행동의 질을 기르고 변화하는 환경에 적응할 수 있습니다. 자연스러운 천진함, 미성숙함과 불복종의 차이를 분명히 하세요. 발달 단계에 따라 기대치와 대응 방식을 조정하세요. 끊임 없이 한계와 규칙, 경계선을 정하되 분위기를 띄울 수 있는 건강한 유머를 이용하세요. 배우자, 다른 부모와 함께 웃으면서 이런 중요한 육아의 방법을 함께 실천해보세요. 아이들을 위해 훈련 기회를 함께 만들어보고 여러분이 만든 한계치를 적용해보세요.

경계선과 결정

경계선은 모양을 정의합니다. 모양은 기능을 결정합니다. 기능은 가치와 정체성을 만듭니다. 물줄기를 상상해보세요. 그 경계선이 물이 움직이는 방식과 방향을 제한합니다. 사람들은 댐을 만들어 물줄기를 더 큰 규모로 흐르게 하고 에너지, 보호, 재창조를 위해 이용합니다. 이러한 기능은 사람을 위한 물의 가치를 증가시켰고 우리는 이를 통해서 삶을 제공하고 유지하고 촉진시키는 중요한 자원을 발견했습니다.

비슷한 원리로 우리가 설정하는 경계선 역시 아이들을 도와서 훌륭한 결정권자가 되게 하고 사회에 가치 있는 사람으로서 기여하며, 고품질의 서비스를 제공해 다음 세대가 위대한 결정권자가 되는 데도 도움을 줍니다. 어떤 경계선이 이러한 방향으로 세상을 움직이게 할까요?

여기 그 필수 요건을 목록으로 준비했습니다:

1. 공정하고 분명하게 하세요

이는 좋은 선택을 내리는 기반입니다. 우리는 무엇이 공정하고 그렇지 않은지, 이를 구분합니다. 일관성 있지만 정적이고 간단하지 않다는 한도라는 점이 중요합니다.

이는 우리가 분명히 해야 할 사항입니다. 그들이 우리의 안내를 이해할 정도로 충분히 나이가 들었나요? 아이들이 금방 이해할 수 있나요 아니면 우리가 단계적으로 가르쳐야 하나요? 우리의 한계를 좋아할 필요는 없지만, 아이가 나이가 들고 생각이 커지면서는 그 한계는 합리적이라고 인식할만한가요? 우리가 구식 규율과 제한적인 신념으로 한계를 맹목적으로 정하지 않는다는 것이 물론 매우 중요합니다. 그렇기 때문에 우리도 먼저 스스로 내적인 삶을 성장시켜야 합니다. 그리하여 가치, 신념, 행동에 대해 더 뚜렷한 생각을 가질 수 있고요. 이러한 요소들이 뚜렷하지 않으면, 우리가 세운 한계로 아이들이 혼란스러워하고 흔들릴 겁니다. 9장으로 돌아가서 변화로 연결을 다시 한 번 상기하는 것도 좋습니다.

2.　　진심으로 소통하고 효과적으로 **"no"** 하세요

소통은 중요한 일입니다. 대부분 우리는 가볍고 편한 어조로 말하죠. 그래서 상대방이 듣기 쉬운 사람으로 만들고자 합니다. 자꾸 극단을 추구하면 대화를 하기 어렵고 서로 함께 하고 싶은 마음도 사라집니다. 우리의 목소리가 바로 사랑과 소속감, 자존감과 우호적인 마음을 만듭니다.

물론 심각하게 이야기하고 **"아니오"**의 의미를 관철해야 하는 때도 있습니다. 그렇다고 짓궂거나 화난 듯이 말할 필요는 없습니다. 그렇게 받아들여질

수야 있겠죠. 그렇다고 농담처럼 말하거나 진심이 아닌 듯이 말해야 한다는 것도 아닙니다. 확고하고 자신 있게 선을 긋는 것이 중요합니다.

또한 선을 넘었을 때 어떻게 해야 할지도 중요합니다. 사실 말로 하기 보다는 행동으로 보여주는 것이 낫습니다. 우리가 부정적인 감정으로 개입하지 않고 아이들이 스스로 부정적 결과를 경험하게 하는 것이 경계선이나 규칙을 강화하는데 효과적입니다. 그래야 인식 발달에도 영향을 미칠 수 있기 때문입니다. 이는 구시대적인 규율과 제한적인 신념으로부터 해방시켜 중요한 성장의 단계를 경험하게 합니다. 그렇게 아이들은 결단력 있고 현명한 삶을 살면서 개성을 발견할 수 있습니다.

위험을 경고하는 상황이 아니라면 소리 지르는 것은 자제하세요. 행동으로 결과를 보여주세요. 소리 지르고 잔소리하고 훈계하고 협박하는 일은 아이들이 스스로 긍정적인 변화를 만들고 배우는 것을 멈추게 하고, 스스로의 목소리와 영혼까지도 듣지 못하게 합니다.

결과의 반복으로 강조하는 것이 경계선을 효과적으로 설정합니다. 하지만 그렇다고 해서 벌을 내리라는 것은 아닙니다. 물론 아이들이 "교훈을 얻는" 것도 이 모든 것의 목적이 아닙니다. 오히려 아이들이 스스로 명확하고 깊게, 진심으로 생각하는 것이 목표입니다. 그래야 자신이 하고 싶은 일을 찾아 발견하게 되기 때문입니다. 발전과 권한을 부여하는 가장 중요한 선택은 아이들이 원하는 일이 아닌 그를 알아내는 일 자체입니다. 우리가 말로 아무리 잘 설명한다고 해도 이를 가르칠 수는 없습니다. 아무리 노력해도 우리가 원하는 것을 시키려고 하는 조작이 되어버릴 뿐이죠. 또한 결과로 인해서 아이들이 우리가 원하는 것을 선택하게 된다고 해도 수치심이나 죄책감을 가지게 해서는 안됨니다. 그게 정당한 상황이라면 괜찮죠. 그렇지 않다면 우리가 정말로 무엇을 원하는지부터 확실히 해야할 겁니다. 혹시라도 우리 스스로 이를 확인하기 위한 시간과 기회를 갖지 못했을 수도 있기 때문입니다. 의지를 갖는 연습은 평생 노력해야 할 일입니다. 그 무엇보다도 중요하고 강력한 일이지만 바쁜 주위 환경으로 쉽게 잊혀지는 일이죠.

3. 상황에 앞서서 주도하고 계획하세요

목표와 도전, 걱정 거리에 대해서 이야기하는 규칙적인 가족 회의를 가지세요. 편하게 질문을 던지고 일방적으로 판단 없이 대답을 하는 순간을 공유하세요. 기대와 결과를 정리하기 위해 걱정과 규칙을 토론해보세요. 스스로의 목표와 그에 대한 추구를 공유하고, 각 가족 구성원을 격려하고 함께 책임을 져주세요. 이런 시간들이 약점을 확인하고 다음에 서로 이어나가는 진정한 용기를 만들어줍니다.

또한 가족의 모든 구성원에게 생각하는 바를 무엇이든지 이야기하고 표현할 수 있는 플랫폼을 제공합니다. 각자가 삶의 방향을 파악하고 더 명쾌하게 나아갈 수 있도록 도움을 줄 것이고요. 여러분이 이런 훈육 환경을 구축하면, 가족 자체에 대한 인식도 몰라보게 달라질 것입니다. 단순히 각 구성원이 공유하는 것뿐 아니라 이런 과정에 참여하는 방식까지 말이죠.

이 과정은 스트레스를 받는 시간이어서는 안됩니다. 실천하고 이해하고 생각을 같이 하는데 압력이 있어서도 안됩니다. 이 시간을 가치 있고 생산적으로 만들려면, 전반적인 관계의 분위기를 먼저 만들어야 합니다. 분위기가 좋으면, 가족 회의도 유용하고 지속 가능할 가능성도 높겠죠. 관계가 건강하지 않으면 그것부터 먼저 해결해야 할 것이고요. 가족 회의는 이런 문제를 지적할 기회가 될 수 있습니다. 다만 부모가 (최소 한 명이) 유대감을 키우기 위한 변화를 주도할 때만 가능합니다.

4. 선택권을 주세요

좋든 나쁘든 선택을 하는 것은 성공과 발전을 위한 지혜를 기르는데 아주 중요한 부분입니다. 지속적으로 좋은 결정을 내리려면, 나쁜 결정도 경험해봐야 합니다. 시간이 지나면서 결정의 무게도 커지고 아이들은 현실에서 부모 없이 연습해봐야 합니다. 아이들은 그렇게 깊고 건강한 자아에 대한 자신감을 갖게 됩니다. 아이들이 매년 성장함에 따라 선택의 중요도를 높여주세요. 간단한 선택의 예로는 다음과 같은 상황이 있습니다:

- 두 가지 장난감 중 어떤 것을 선택할까요?
- 해변가에 갈까요 아니면 공원에 갈까요?
- 간식을 먼저 먹을까요 아니면 숙제를 먼저 끝낼까요?

아이들이 청소년이 되면서 책임이 커지는 선택을 주세요. 집에서 도와야 할 일, 학교에서 하는 공부, 스스로와 가족을 위한 시간 등.

- 언제 빨랫감을 가져올까요?
- 수학 점수를 높이기 위해 어떻게 할까요?
- 우리와 언제 시간을 보낼까요?
- 시간 관리를 잘하려면 어떻게 해야 할까요?

아이에게 이런 선택권을 주면 평화가 아니라 더 큰 문제가 생긴다고 생각할 수도 있습니다. 맞습니다. 더 많은 문제를 일으킬 거에요. 그리고 그게 우리가 원하는 바입니다. 문제를 막으려 하는 시도가 오히려 무능한 육아 전략을 눈덩이처럼 크게 불어나게 합니다. 혼란스러운 상태가 오히려 재창조를 거쳐 성장 중심의 문화를 영속시킵니다.

선택권을 주는 것이 아이들에게 실수와 성공으로부터 배움을 얻게 합니다. 또한 선택이 우리의 문화를 결정하기도 하기 때문에 중요합니다. 나쁜 결정에 건전한 감정을 이입하여 처리하는 것, 그리고 그 결과로 우리 소중한 아이들은 가르침과 훈련, 규율을 경험합니다. 우리가 아이들에게 문제 해결에 대한 신뢰를 주고 아이들은 스스로의 결정에 대해 책임을 갖고, 더 큰 자존감을 갖게 됩니다. 이것이 바로 무조건적인 사랑의 소통이며, 우리가 가정의 문화로 삼아야 할 궁극적인 가치입니다.

5. 차분하게 관리하세요

서로 큰소리 내는 싸움에 빠지지 마세요. 부정적인 감정으로 대응하는 것은 아이들에게 우리를 누르는 힘을 줍니다. 엄마 뚜껑을 열자. 아빠를 화나게 하자. 아이들이 소리 지르고 징징대며 짜증을 내는 장단에 맞춰주지 마세요. 침착하고 분별력 있게 "괜찮아"라고 간단하게 말하고 잠시 물러나세요. 적절한 때에 가벼운 방식으로 반응해 결과를 이끌어내세요. 배우자나 친구, 가족 구성원에게 조언을 구해도 좋습니다.

물론 말대답이나 언쟁에도 준비를 해야 합니다. 결과를 전달해야 할 순간이 오면 저항에 부딪힐 확률이 높기 때문이죠. 그러므로 사건 발생의 이유를 상기시키면서 침착하게 이해의 말을 던질 준비도 하세요. 아이가 계속 소리 지르고, 칭얼거리거나 짜증내면, 말로 결과를 알려주세요. 설명하지 마세요. 훈계하려고도 하지 마세요. 이유도 설명하지 마시고요. 비꼬는 식으로 대하지도 마세요. 다만 아이들의 불만에 바로 대응하는 것입니다. 대화도 물론 할 수 있지만 긴장이 최고조에 이른 순간은 좋은 타이밍이 아닙니다.

다음과 같이 해보세요. 물론 여러분만의 방식을 만들어도 좋습니다:

- "나도 안단다."

- "이해하지만 이 결과에는 변함이 없다."

- "나중에 이야기하자."

- 안타까운 듯한 한숨을 쉬세요.

- 숫자를 세도 좋습니다[40]: 아이가 계속 싸우거나 징징거리면, "하나." 그래도 멈추지 않으면, "둘." 한 번 더 저항하면. "셋." 그렇게 다섯까지 세세요. 그리고 몇 분간 잠깐 중지하세요. 펠란 박사는 인생에서 매년을 1분으로 동일시하면 된다고 제안합니다.

그들이 다음 번에는 더 잘 하겠다고 약속하면, 그럴 수 있는 기회를 보장하되 용감하게 그에 따른 결과도 있을 것이라고 알려주세요. 저도 이 방법을 밀고 나간 적이 있었는데, 규율에 대한 위반으로 너무 지나치게 행동하고서는 후회하기도 했습니다. 그 순간에는 물론 아이에게 다가가 사과하고 제 잘못된 생각을 실명했습니다. 혹시 나중에 깨닫게 된 경우에도 그 때 사과하고 후회스러운 감정 및 이유를 공유했고요. 차후의 상황을 위해 제 훈육 방식도 고쳤습니다.

---

40 펠란 박사와 코스탄조(Dr. Phelan and Costanzo), *1-2-3의 마법: 2-12세 아이를 위한 효과적인 훈육(1-2-3 Magic: Effective Discipline for Children 2-12)*, 6차 개정판. 2016.

6.   결과에 따라 행동하세요

결과는 보통 규칙에 대한 위반과 동시에 진행되어야 합니다. 한가하게 위협하는 방식이 아닌 실제로 실천할 경고만 하세요. 단기간의 작은 결과부터 보여주고 아이에게 다시 시도할 수 있는 기회를 주세요. 이렇게 긴장을 좀 풀고, 짐도 덜어 모두 한숨 돌리고 다시 생각할 시간을 주는 겁니다. 아이가 다시 잘못된 판단을 하면 점차적으로 심각성을 높여보세요. 또한 아이와 대화하는 것을 잊지 마세요. 상황과 그 발생 이유, 결과로 행동을 변화시키지 않는다는 점을 알려주세요. 결과는 처벌의 일종이 아닙니다. 오히려 다음에 더 나은 변화로 행동과 결정을 내릴 수 있도록 상기시켜주는 것이 힌트입니다.

결과는 보통 몇 가지 종류가 있는데요: 무언가의 상실(장난감, 원하는 활동을 위한 시간, 특권), 아이의 행동/무행동으로 인한 자연적인 결과(겉옷을 가져가기 싫어서 추위를 느끼게 됨; 준비한 음식을 먹지 않아 배고픔을 느낌).

이런 방법이 틀리다고 느끼실 수도 있습니다. 하지만 아이들은 말하거나 위협을 가하는 것, 매번 상기시키고 잔소리하고 훈계하는 식의 방법으로는 배움을 얻지 못한다는 걸 기억하세요. 아이들은 결과로 배웁니다; 우리가 부모로서 두려워하며 화를 내거나 당황해 하는 모습을 보이지 않아야 아이들이 우리가 원하는 점을 배울 수 있습니다. 우리는 아이들에게 감정 이입을 하되 단호하게 결과를 보여주고 잘못된 판단이 그에 따른 자연스러운 결과를 낸다는 것을 알려줘야 비로소 배움을 위한 공간과 통제력을 가지게 됩니다. 명시적인 배움은 즉각적으로 일어나지 않습니다. 그렇게 일어난다 해도 피상적일 뿐입니다. 부모가 인내심 있게 통제하고 아이에게 선택과 결과에 대해서 지속적으로 기회를 주면 성장과 발전을 위한 신뢰도 자랍니다.

7.   함께 노력하세요

　　부모도 이 과정에 참여하고 전략에 동의하여 꾸준히 서로를 지지할 준비가 되었다면, 경계선은 효과적이고 서로에게 도움될 겁니다. 혹시 한부모 가정이라면 평소에 믿을만한 다른 어른과 함께 이 과정을 실천해보세요. 건강한 협동 관계는 우리를 더 똑똑해지게 하고 짐도 덜어줄 겁니다. 그들과 성장 중심이 되고 싶다는 비전을 공유하고 아이들을 위한 더 나은 세상을 함께 만들어 나가세요.

　　모두가 성장 중심의 문화 속에서 자라면, 경계선은 가정 내 모두를 위한 건강과 기쁨을 선사할 것입니다. 하지만 경계선보다 중요한 것은 서로 싸우고 고통을 나누면서 더 나은 결정을 내리려고 노력하는 자유, 그 정신입니다. 이러한 투자가 아이들이 더 중대한 결정에 대해 이야기하고 현명한 결정을 내릴 수 있게 대비합니다.

문제 해결 장려하기

　　아이들이 훌륭한 문제 해결자가 되도록 돕는 일은 주기만 하는 선물 같은 것입니다. 우리는 이 일이 아이들을 성공적으로 만드는 것이 아니라 오히려 아이들이 스스로 문제를 해결하도록 돕는 일이라는 점을 기억해야 합니다. 그래서 이 능력에는 이점이 있을 것입니다. 우리가 모든 문제에 다 참여하지 않아야 스스로를 보호할 수 있습니다. 아이들과의 관계도 더 건강해질 것이고요. 이는 우리가 서로 신뢰를 쌓아가는 중이기 때문입니다; 즉, 우리는 아이들의 능력을 믿고 아이들은 우리가 조종하려는 것이 아니라는 점을 믿는 과정이죠. 궁극적으로 아이들은 자율성을 길러 그들이 책임질 수 있는 일에는 덜 의존적이게 됩니다.

다시 말하지만, 이 모든 과정은 공감 능력에서 시작됩니다; 우리는 끊임없이 학습의 환경을 만들어야 합니다. 그래서 가정 환경이 정말 중요합니다. 우리 스스로의 감정적 건강은 배움과 성장이 가족의 우선 순위에 있을 때 가히 필수적이라고 할 수 있습니다.

"그는 내 일에 방해가 돼… 그녀는 날 불편하게 해… 이거 더이상 못하겠어… 나의 …를 찾을 수가 없어"라는 말이 들린다면 문제는 이미 발생한 것입니다.

이 때 충고를 한답시고 빠르게 고칠 생각은 하지 마세요. 대신 그들에게 간단한 방법을 가르쳐주세요:

"뭐가 잘못됐어?"나 "무슨 일 있니?"라고 간단하게 물어보는 것으로 시작하세요. 단순히 그들이 문제에 대해 생각하도록 유도할 뿐, 당신의 이해나 평가를 포함하지는 않는 거죠. 그리고 그들이 하고 싶은 일이 무엇인지 물어보세요. 혹시 잘 모르겠다고 하거나 도움을 요청하면, 그 때 제안을 하세요. 좋은 제안이어야만 하는 것은 아닙니다; 사실은 그들 스스로가 생각할 수 있도록 유도하는 것입니다. 몇 가지 아이디어를 제안하고 다시 물어보세요. "그렇게 하면 도움이 될 것 같니?" 그들이 자유롭게 수용하거나 거절하도록 두세요. 그 어떤 편애의 감정도 드러내지 말고 그들의 결정에 영향을 끼치지 마세요. 우리의 주된 목적은 아이들이 스스로 문제를 더 잘 해결하도록 돕는 것입니다. 그리고 이는 우리의 충고에 달려있지 않습니다. 우리가 경청하고, 아이에게 다시 문제를 넘겨주어 스스로 해결책을 찾을 수 있는 기회를 만들어주는 능력에 달려있습니다.

문제 해결에 직접적으로 도움을 주지 않는 것이 중요하다는 점을 잊지 마세요. 아이들이 문제를 해결하는 겁니다. 하지만 우리는 아이들의 문제를 이용해 아이를 더 책임감 있게 만들고 우리의 스트레스도 줄일 수 있습니다.

장기적 목표

우리가 장기적 목표를 고려할 때는 아이가 건강한 독립성을 훈련하고 책임감을 기르도록 장려하고 싶을 겁니다[41]. 하지만 우리는 아이를 소유하지 않습니다. 그들은 성인이 되면 스스로의 삶을 이끌어나가야 합니다. 우리의 일은 이런 미래를 준비하는 것이고요. 그렇기 때문에 계획을 가지고 통제권을 아이에게 넘겨주어야 합니다. 놓아주는 것이 힘들 수도 있어요. 다행히 18년간의 긴 여정입니다. 우리는 이 시간을 통해 아이들과 우리 자신을 훈련시켜 건

---

[41] The Parenting Children's Course (Alpha International, 2011), pp.61-66.

강한 독립을 이뤄내야 합니다. 이를 어떻게 해내느냐에 따라 아이와 부모 모두가 영향을 받습니다. 우리가 스스로와 아이들을 감당하는 방식이 아이들이 스스로를 관리하는 방식에도 중대한 영향을 미칠 것이고요. 아이들이 스스로를 이끌고 현명하게 시간과 자원 관리를 하면 좋겠죠. 그렇다면 우리는 진정으로 아이들을 도와 그들이 행동으로 가치를 실현할 수 있도록 계획을 세워야 합니다.

아이들이 성인이 되었을 때, 어떤 도덕적 프레임을 가졌으면 하세요? 어떤 가치와 정보를 아이들에게 물려주고 싶으세요? 그게 어떤 것이든, 결과(긍정적, 부정적, 중립적)가 가장 효과적인 선생님이라는 사실을 받아들이고 인정하세요. 모든 결과는 어떻든 책임감 있는 선택을 할 수 있도록 도와주는 요소입니다. 우리 아이들은 스스로의 결정과 그에 따른 결과를 연결 지어야 하며, 우리가 그들에게 하는 말을 연결할 필요는 없습니다. 이 과정을 우리가 하는 것으로 만들면, 아이들은 스스로가 원하는 것과 스스로에게 최고의 일을 결정하고 분별하는 능력을 키울 수 없게 됩니다.

도덕적 프레임/원칙 통합

선택

경험/결과

선택

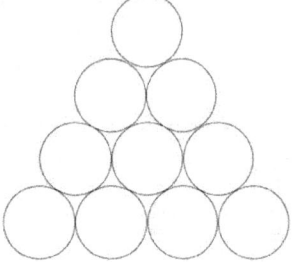

최고 집단에서 여러분이 아이들을 위해 원하는 것이 무엇인가요?

어떤 선택으로 이 능력을 아이들이 기르는데 도움이 될까요?

어떤 경험과 결과가 중대한 결정들을 지지할까요?

어떤 선택이 규칙적인 연습이 필요할까요?

물론 우리의 충고나 영향력도 도움이 됩니다. 하지만 우리의 교육이 주가 아니라 부차적인 것임을 잊지 마세요. 아이들이 스스로 결정을 내리고 실수로부터 배울 수 있게 하세요. 배움에 적합한 문화를 만들고, 시도와 지속적인 수정이 아이들에게 궁극적으로 권한을 부여합니다. 즉, 실수하고 잘못된 결정을 내리는 것이 안전하다는 뜻이죠. 당연히 결과가 삶을 힘들게 만들고 일시적으로 혼란스럽게 할 수 있지만, 감정적·영적·관계적 건강에 있어서 우리는 오히려 문제를 해결하고 더 강하고 현명한 사람이 될 수 있습니다. 무엇보다도 신뢰가 깊어집니다. 갈등도 무서울 것이 없고 용기를 내게 됩니다. 이것들이 책임감과 어른으로서의 능력을 위한 장기적인 목표를 만드는 핵심입니다.

아이들이 진정한 독립을 배우지 못하게 저지하는 것이 무엇인가요? 건강하지 않은 통제입니다. 이는 좋게 보이거나 "당신에게 최고인 것"을 반영하고, 실패나 스트레스, 완벽주의에 대한 두려움으로 발생합니다. 다음이 그 흔한 증상입니다.

1. 세세한 관리

'헬리콥터링'이라고 들어보셨나요? 이것은 과잉 보호로, 항상 아이들을 잘못된 선택으로 인한 결과로부터 구제하는 것입니다. 그 선택은 책임을 다하라는 이야기를 따르지 않아서 생긴 모든 상황을 포함합니다.

물론 감당할만한 실수와 그렇지 않은, 장기적인 상처와 치유 불가능한 상해를 구분해야 하죠. 보통 부모는 합리적인 구분을 하지 않습니다. 모든 문제가 아이들에게 지나친 감정적인 충격을 주어 감당할 수 없다고 치부해버리기 일쑤입니다. 이는 부모가 안전, 사랑, 소속감, 자존감에 대한 욕구가 충족되지 않았다는 반증일 수도 있습니다. 아니면 더 기본적인 생리적 욕구인 잠이나 식습관, 배출 등의 욕구가 충족되지 않은 경우일 수도 있고요.

우리가 '헬리콥터링'을 멈추지 않으면 아이들은 책임감 부족, 삶에 대한 배움의 결핍, 잘못된 판단 능력의 위험에 처해 있는 것이나 마찬가지입니다.

2. 과잉 경쟁

우리가 아이의 성공에 집착할 때는 아이에게 지나친 압박을 가하는 경우가 있습니다. 이 때 그 기저에는 어떤 의미가 있을까요? 이기는 것이 성공, 행복과 동일하다? 이기는 것이 관계에서의 승리다? 당신이 다른 사람보다 더 중요한 사람이다? 이기기 위해 모든 것을 희생하는 것. 시간, 자원, 에너지, 관계, 심지어 인품까지 희생하는 것.

경쟁 자체가 잘못된 것은 아닙니다. 정해진 틀 안에서 건강한 가치를 추구한다면 문제 없습니다. 하지만 미충족된 욕구 (매슬로우의 욕구 위계)에서 긍정적인 심리·사회적 발전을 방해한다면, 우리는 한 발 물러서서 아이가 책임감 있는 사람이 되기 위한 최고의 방법을 재평가해야 합니다.

3. 과도한 스케줄

스탠포드 교육대의 슬로건은 "성공에 도전하라"입니다. 대학에서는 학부모와 학교가 성공을 위한 교체 양식과 방법을 찾을 수 있도록 조사를 해왔습니다. 지난 몇 세기 동안 그들은 지나친 스케줄의 해로움을 지적하고 PDF의 필요성을 주장해왔습니다. 놀이, 내려 놓기, 가족과의 시간이죠. 또한 연구진들은 이것이 학업 관련 성공뿐 아니라 일과 가정에서도 지속 가능한 진정한 성공을 이루는 비결임을 발견했습니다.

이 모든 것을 이끄는 힘이 무엇인지 확인해봅시다. "인류"의 역사에서 뒤처지거나 놓치는 것이 있다는 두려움인가요? (정말 인류에 관한 문제는 아닐 겁니다.) 그럼 결핍의 마음 가짐에서 비롯된 건가요? 필수적인 욕구를 충족시키지 않고 성장의 환경을 만든다는 것은 너무 어려운 일입니다. 이러한 욕구는 권한을 부여하는 관계, 영혼이 담긴 반추, 휴식 시간에 관한 것입니다. 8장을 돌아봅시다: "영혼이 담긴"이라는 의미는 우리의 영혼은 속도를 줄이고 반성을 위해 휴식이 필요하다는 뜻입니다. 이런 시간을 통해서 우리는 특히 복잡한 일들, 부정적인 경험과 감정을 포함하는 사건의 자초지종을 이해하게 됩니다. 보통은 스스로에게 그럴 시간이 없다고 핑계를 대는 일이죠. 그렇게 우리는 사랑하는 사람과 유대할 수 없는 건강하지 않은 방식에 스스로를 가두고 그에 따라 행동하며 태도도 바꾸지 못합니다. 아이들이 그런 상황에 빠지면, 건강한 독립이란 너무 어려워져서 이루지 못하거나 희생될 수도 있습니다.

일정에 있어서는 적은 것이 때로는 낫습니다. 속도도 늦추고 의미를 두는 시간과 공간을 만들어야 스트레스도 덜하게 됩니다. 시간이 지나면, 이러한 노력이 건강한 성숙의 궤도를 그릴 수 있게 되고 건전한 독립을 향해 나아가게 될 것입니다. 이 과정에 익숙하지 않은 경우, 처음에는 불편할 수 있겠지만 우리가 피하거나 인식하지 못하고 있는 복잡한 문제에 대해서 확인하는 것은 가치가 있는 일입니다. 더 멀리, 강하게, 오래 가기 위해서 천천히 가세요. 그래야 모두에게 이득이 되는 장기적인 목표를 발견하고 이룰 수 있습니다. 모두가 윈-윈하는 해결 방법은 우리가 바쁘게 스트레스를 받아 생산성에 주력하고 있을 때는 그렇게 눈에 띄지 않습니다.

우리 아이들이 좋은 선택을 하기 위한 도움

현대 사회에는 아이들이 중요한 선택을 해야 하는 3가지 큰 분야가 있습니다. 성, 인터넷/비디오 게임, 음주/마약이죠. 사실 이 세 가지 모두 우리가 스트레스와 고통으로부터 벗어나기 위해 찾는 수단이기도 합니다. 이를 다루는 방식은 자아와 우리가 쓰는 이야기의 핵심이기도 합니다. 우리의 자아는 욕망과 고통을 관리하는 방법으로 정의됩니다. 아이들에게 이 주제에 대해서 명확하게 설명하는 것이 좋습니다. 하지만 이 대화를 이끌어 나가는 분위기는 공포나 일방적인 판단이 아닌 따뜻하고 이해심으로 이끌어가는 환경이어야 합니다. 위대한 사랑으로 가장 큰 배움을 얻고, 이는 젊은이들에게도 마찬가지 입니다. 가족이 가장 중요한 가치를 키우고 성장을 중심으로 할 때, 모두가 좋은 선택과 그 선택이 가능한 방법을 더 지각하게 됩니다.

성

성에 관해서는 아이들에게 어릴 때부터 조금씩 꾸준히 정보를 주어야 합니다. 미리 사전에 준비해서 당신이 아닌 다른 사람이 아이들에게 깊고, 친밀하고 심오한 삶의 정보를 교육하지 않도록 대비하세요. 아이들의 질문에 대해서 솔직하고 정확하게 대답해주세요; 잡지 기사나 인터넷 포스팅, TV 쇼, 영화를 대화의 기회로 삼으세요. 성에 대해서 이야기하고 가르치는 것은 둘 다 영혼을 깊고 소중하게 여기며 건강한 관계를 우선시할 때 덜 어색합니다. 이러한 필수 요건이 갖춰지지 않은 상태에서 성에 대한 이야기를 하는 것은 현실과 동떨어지고 비뚤어진 느낌을 전달할 수 있습니다.

"옳고 그른 접촉"에 대해서 이야기 해주세요. 진실되고 애정 어린, 적절한 접촉에 대해서 예를 들어 설명해주시는 것이 사실은 더 중요합니다. 이는 아이들에게 안전한 관계 속 접촉에 대한 욕망과 위험을 구분 지을 수 있게 하는 연습과도 같은 것입니다.

아이들이 사춘기가 되면 교육적인 책을 추천해서 함께 이야기 할 수 있는 환경을 마련해주세요. 그렇게 시작해서 아이들이 어떻게 반응하는지 지켜보세요. 아이들이 괜찮다면 지속하시고요. 관심 없어 한다면 강요하지 마세요. 자신만의 속도로 배워갈 수 있게 여유를 주세요. 이는 아이들이 스스로 이해할 수 있는 기회를 줌으로써 신뢰를 쌓고 당신이 아이의 발전을 존중한다는 의미를 표시하는 것입니다.

인터넷과 비디오 게임

인터넷과 비디오 게임은 초등학교 입학 전에 스크린 시간을 제한적으로 설정하는 것이 좋습니다. 시간을 정하고 나서는 두뇌 개발 정도에 따라 스크린 시간을 엄격하게 지켜야 합니다. 아이가 초등학교에 올라가고 청소년이 되면, 스크린 시간과 함께 점점 더 시간을 스스로 관리할 수 있는 자유를 주세요. 전반적으로 아이가 스스로 생활 방식에 대해서 결정을 내릴 수 있는 기회를 주는 것입니다.

물론 이 주제를 문화적인 맥락과 관심으로 이야기하고 정하세요. 아이에게 이점과 위험성을 모두 알려주세요. 스크린 활동의 힘에 대해서 이해하도록 지도하세요. 집 컴퓨터에는 필터를 설정하세요.

기타 일반적인 관리 기술에는 다음과 같은 것이 있습니다:
1. 컴퓨터를 "공공" 의 공간에 두세요.

2.	온라인 시간에 대한 제약을 강화하세요.

아이가 성장하면서 결정권을 넘겨줘야 한다는 것에 두려워하지 마세요; 이로써 실패에 대한 기회도 주고 아이에게 신뢰로 소통하는 것이기도 하니까요. 어떻게 연습을 위한 기회와 위대한 배움을 제공할 수 있는지, 그리고 실패를 다룬 10장의 내용을 기억하세요. 우리 부모는 아이의 실수와 실패에 대해서 어떻게 반응할지 역시 꾸준히 연습해야 합니다. 이는 우리의 진정한 성품과 가치를 발휘하여 우리 아이들이 깊이 신뢰할 수 있는 유일한 방법이 될 것입니다. 즉, 우리가 진심으로 성장을 중심으로 하는지 입증하는 것이죠.

마약과 음주

성장 중심의 문화에서는 많은 것을 진정한 사랑과 온기의 빛으로 확인할 수 있습니다. 어둠 속에 가려지는 것의 수는 점점 줄어들고 두려움과 수치심, 스트레스 생산도 감소합니다. 술과 마약의 중독 및 남용은 자신을 사랑으로부터 고립시키고 생각과 감정을 유지하지 못하게 합니다. 대화를 하고 관계적 평안의 문화를 성장시키는 것은 우리 가족들이 해로운 것들로부터 방어할 수 있는 힘이 됩니다.

토론을 터부시하거나 그에 대해 부정적인 인식을 갖게 하지 마세요. 아이들이 사실을 가지고 정보를 얻으며 스스로를 보호할 수 있게 지도하세요. 고립과 바쁜 상황을 주로 위험 요소로 인식해야 합니다. 서로의 유대감을 단절시키기 때문입니다. 가족이 성장을 중심으로 하고 그 환경을 구축해온 시간에 따라서, 사람이 아니라 물질이나 활동에서 안락함을 찾을 가능성도 있을 수 있습니다. 이는 우리가 리더로서 부모 알림판에 이 사실을 표시해 놓아야 한다는 것을 의미합니다. 우리는 사랑하는 사람들의 감정 상태도 항상 의식하고 있어야 합니다. 그들이 무엇을 느끼고 있으며, 무슨 일을 겪고 있나요? 우리는 무엇을 느끼고 있으며, 무슨 일을 겪고 있나요? 이 모든 것이 우리에게서 시작됩니다. 다음 장에서 제 개인적인 성장 도구를 이야기하며 이 주제에 대해 더 다뤄보도록 하죠.

신뢰와 가치 전수

우리 아이들을 어른이라고 생각해보세요. 그들이 시간, 돈, 에너지를 어떻게 관리했으면 좋겠나요? 갈등 관리는 어떻게 하길 바라세요? 그들의 관계에 있어서는 어떤 궤도를 그리길 원하세요?

아무 생각 없이 최고만을 바랄 것이 아니라, 우리의 진정한 가치로부터 개념적 가치를 구분해야 합니다. 핵심 신념에서 오는 진정한 가치는 우리의 일상적인 결정과 활동을 이끌어 냅니다. 이러한 가치와 신념은 우리 세계를 지배하는 진리죠.

대부분 이런 가치는 사랑이든 두려움이든 무의식중에 기본으로 자리 잡습니다. 우리의 기본이 깊은 애정인가요 아니면, 선호인가요 아니면, 다정함인가요, 따뜻함, 친밀감, 애착, 애정의 표현인가요? 아니면 궁극적으로 순응을 낳고 창의력을 소멸시키는 불안감, 우려, 걱정인가요? 우리는 부모로서 아이들의 발전을 지지하여, 맹목적으로 걱정하거나 사람들이 따르는 리더가 아닌, 해방의 리더가 되는 신념과 가치를 전수해야 합니다.

핵심 신념

저는 제 핵심 신념과 가치가 가족 구성원을 효과적으로 고무했으면 좋겠습니다. 그리하여 우리 자녀들을 7가지 리더로 자라게 할 것입니다(다음 링크의 차트를 확인하세요. https://www.valuescentre.com/mapping-values/barrett-model/leadership-consciousness). 우리는 가치가 높은 단계를 추구함으로써 낮은 단계를 간과할 때 문제에 직면하게 됩니다. 이를 피하기 위해서는 발전에는 단계가 존재함을 이해하는 것 자체만으로도 도움이 됩니다. 각 단계가 적절하게 다음 단계를 지탱해주기 때문이죠. 우리가 이 원리를 이해하고 나면, 선택과 행동, 노력, 인내를 통해서 새로운 경험을 만들고 싶어합니다. 다음은 모든 가족 구성원이 통과하길 바라는 의식의 다양한 단계를 간단하게 설명한 것입니다.

1-3단계는 불안감으로 제어됩니다. 이 다음 단계라고 불안감이 없진 않지만, 그로 인해 지배당하지는 않습니다. 이 단계의 선택과 행동의 패턴은 돈, 보호, 사랑, 애정, 수용, 소속감, 힘, 권한, 지위를 충분히 가지고 있지 못하다는 생각에서 비롯됩니다. 이러한 근본적인 문제를 건강하고 적절한 지원으로 극복하는 것은 결단력, 시도와 오류를 통해 가능합니다. 또한 사랑하는 사람들도 우리를 도와 4단계로의 이동을 준비할 것입니다: 바로 변화입니다.

4단계는 우리가 기본으로 내재된 두려움을 인식하고, 그를 기반으로 한 어릴적 신념을 직면하는 단계입니다. 이로써 우리는 그 신념들을 관리하고 극복하며 해방됩니다.

우리가 이러한 부정적이고 본능적인 신념의 통제로부터 해방되면, 우리는 더 높은 동기를 이끌어 그에 따른 삶의 변화를 경험합니다. 이로써 우리는 진정한 자아가 될 수 있을 것이고요. 우리가 진정한 의미를 찾으려고 하는 일은 타인이 지시하는 방향이 아닌 자신의 마음에서 발현된 이유와 목적을 통해서 추구할 수 있습니다. 우리는 창의적인 잠재력을 탐구하고 독특한 재능을 주는 성취를 추구합니다.

5단계는 우리의 마음이 통합되어 가장 높은 목적을 찾을 수 있게 되는 단계입니다. 우리는 인생의 비전과 임무를 다지고 가장 깊은 열정과 창의성에 다가가게 됩니다.

6단계는 새로운 지각과 감정적인 성숙에서 사는 상태입니다. 우리는 타인과 협력하면서 우리가 하는 어떤 일이든 더 큰 차이를 만들어 냅니다.

7단계는 위대한 차이를 만드는 것이 삶의 방식이 되는 단계입니다. 우리의 영향력, 의도가 권한을 주어 가정과 직장에서 사랑과 자비심의 유산을 남깁니다.

"믿음은 단순히 마음이 소유하는 개념이 아닙니다. 마음을 갖추는 생각입니다." —로버트 옥스턴 볼튼(Robert Oxton Bolton)

여러분은 마음 속에 어떤 믿음을 지니고 있나요? 어떤 가치와 우선 순위가 건강한 성장과 발전을 만들 수 있을까요?

이러한 삶의 결정은 모두 동등하진 않습니다. 즉, 여기에는 내적 삶의 코드가 있을 수도 있고, 스스로나 가족 구성원이 성숙해지도록 도움을 주지 못할 수도 있습니다. 우리는 스스로의 내부에 대한 이해력을 키워 우리가 효과적으로 성숙해지기 위해서는 어떤 가치를 중심으로 해야 하는지 결정해야 합니다.

3부 요약

힘과 유연성, 이동성을 키우는 연습 기억 하시나요? 이는 육체적인 연습뿐 아니라 영적, 감정적 건강에도 사실 적용되는 연습입니다.

우리가 무엇이 될 것인지에 대한 문제가 생기면, 사실 꾸준한 활동이 가장 강력한 힘이 됩니다. 더 자주 반복할수록, 그 영향력이 커지죠. 정원사는 규칙적으로 정원을 가꾸어 정리하고 아름답고 건강하게 만듭니다. 그는 토양과 함께 일하고 각 식물과 전체적인 환경이 모두 혜택을 볼 수 있는 최고의 장소를 찾아냅니다. 이는 가족을 이끄는 일에도 똑같이 적용됩니다. 정원사는 가족의 구성원, 정원은 관계의 환경으로 볼 수 있겠죠. 이는 부모 역시 젊은 정원사를 훈련, 발달시키고 궁극적으로는 스스로의 정원을 만들어 꾸리도록 해야 한다는 뜻입니다.

이 일을 효과적으로 진행하려면, 우리는 감정적인 건강을 유지하여 다양한 문제를 극복해야 합니다. 거절, 외로움, 죄책감, 반추, 트라우마, 실패, 낮은 자존감 등. 우리는 아이들이 18세가 될 때까지 여러 가지를 주고 받습니다. 다행히도 배우자는 수십년간 함께 하죠. 즉, 우리는 이들을 잘 보호해야 한다는 뜻입니다. 3부에서 제시한 내적 훈련들은 깊고 넓은 시각을 길러 감정적인 상처나 고통을 치유하는 방법을 터득하도록 도와줍니다. 이것이 바로 우리가 신념, 희망, 사랑으로 나아갈 수 있는 에너지의 근원을 다져줍니다.

집에서 매일 하는 연습과 행동은 스스로, 또 함께 함으로써 우리가 중심을 잡을 수 있게 합니다. 이 연습들이 감정적·관계적·영적 건강을 유지하는 활동과 통합되면, 우리 가족은 성장을 중심으로 하게 됩니다. 우리는 배우자, 아이들, 심지어 자신도 더 용기 있고 연민 어리며 창의적이고 적응력이 뛰어나 변화를 관리하고 이끄는데 성공적인 사람으로 발전하는 것을 볼 수 있습니다. 일관성 있는 행동들이 내적 삶을 향하지 않는다면, 우리는 오히려 해체를 경험하게 되겠죠. 혹은 직장에서는 성공하지만 가정에서는 실패할 수도 있습니다. 예수 그리스도는 이렇게 질문한 적이 있습니다. "누군가의 선이 세상을 다 얻고도 스스로의 영혼은 저버리면 어떤 의미가 있겠느냐?" 즉, 연대를 잃는다는 것은 가장 의미 있는, 사랑하는 사람을 잃는 것이라는 뜻입니다. 가장 중요한 것을 소중히 하시고, 그 외 열등한 중심은 피하세요. 성장을 중심으로 하고 가족이 번영하는 모습을 즐기세요!

결론: 지속 가능한 성장

끝으로 성장에 대한 한 가지 생각을 남기고 싶습니다. 성장 그 자체가 전부도 아니며 끝도 아닙니다. 성장은 건강하고 지속 가능해야 합니다. 물론 종양도 하나의 성장이지만 우리가 원하는 종류는 아니죠. 지속 가능하지도 않고 우리를 소멸하고 죽음에 이르게 하는 성장입니다. 또한 성숙의 과정은 시스템 내에서 조화롭게 진행되어야 합니다. 그래서 이상적인 성장이란 무한하게 지속되는 것입니다. 영원하게!

건강하고 지속 가능한 성장은 진정한 사랑의 지표입니다. 우리가 지속 가능한 한 오랜 시간 진정으로 사랑하고, 끊임 없이 신과 타인, 자신을 사랑하는 생각과 행동을 할 때 우리는 비로소 성장을 중심으로 하는 존재가 됩니다. 하지만 우리의 가치가 진실된 사랑을 반영하지 못하면, 지속적인 성장과 발전을 저해하는 활동을 하게 됩니다. 그러면 우리는 타인을 도와 각자의 육체적·영적·감정적·인지적·전문적·관계적 최고 잠재력을 발현하게 할 수도 없고, 특히 우리가 가장 사랑하는 사람과 가장 많은 것을 주고 싶은 사람도 도울 수 없게 됩니다.

지속 가능한 성장은 궁극적으로는 가장 중요한 것과 함께 가야 합니다. 이는 스스로 내적인 갈등과 역기능적 관계나 발전을 저해하는 환경을 극복하는 일이기도 합니다. 또한 이러한 문제를 더 위대한 소통과 협력으로 만회합니다. 이는 장기적으로 우리의 윤리를 발전시키는 과정에서 가능하고요. 더 큰 건강으로 우리는 모든 것을 이뤄낼 것입니다. 가정에서 직장, 그 이상으로까지.

모든 이들의 성장 중심, 지속 가능한 부활을 위하여.

부록

내적인 삶을 성장시키는 도구

　부록에서는 무형의 가치를 추구하기 위한 유용한 도구를 준비했습니다. 이 가치들은 많은 사람들이 놓치거나 우선시하지 않고, 성장과 발전을 지지할 만큼 충분히 적용하지 않는 것들입니다. 그런 숨겨진 가치들은 인생 전반에 걸친 노력이 필요하며 우리 표면뿐 아니라 기저에서 일어나는 일들을 확인하는 데도 필수적입니다. 시간이 가면서 일상적인 기본 신념을 만드는 근본을 찾는 일이 바로 우리를 이끌고 만들어갑니다. 그 기저의 동기가 우리를 진정한 자아로 이끌어 줄 수 있기를 바랍니다. 실제로는 이 동기들이 우리가 원하는 일을 못하게 하거나 우리의 잠재력을 떨어뜨리기도 하는 경우가 종종 있습니다. 우리는 더 강하고 건강한 신체·영혼·관계를 갖고 싶어하는데도 말이죠. 하지만 앞서 언급한 가치들을 추구하면서 우리는 욕구를 충족시키고 지속적인 진보를 이룰 수 있습니다. 가장 의미 있는 집단인 가족에서 시작해 그 영역도 넓힐 수 있고요. 궁극적으로는 타인이 그들의 잠재력도 최대로 발현하도록 도울 수 있을 것입니다.

도구 #1: A.I.R.

가장 중요한 일을 먼저 해야겠죠? A.I.R.(인식, 확인, 반영)로 숨을 쉬어 보세요. 이 기술을 규칙적으로 연습하면 감정적인 공감 능력을 표현할 수 있습니다.[42]

여러분이 화, 슬픔, 두려움을 느꼈던 일을 생각해보세요. 그리고 숨을 크게 한 번 들이 쉬고 다음 질문에 대한 대답해보세요:

1. 무엇을 보고 듣고 관찰했나요? (감각적 데이터)

2. 그 데이터를 어떻게 해석했나요? (생각)

3. 그 해석으로 어떤 감정이 일어났나요? (감정)

4. 자신과 타인, 혹은 둘 다를 위해 어떻게 하고 싶은가요? (욕구)

5. 어떤 다른 행동을 할 수 있나요? (행동)

아시겠지만 공기의 질은 지역에 따라 다릅니다. 깨끗한 공기를 원한다면 오염된 곳을 피해야 합니다. 이 연습에서도 마찬가지죠. 어딘가 마음을 맑게

---

[42] "나에게 나를 소개하기(Introducing You to Yourself)", Aphesis Group, 2011, 제 19주차.

할 수 있는 곳을 가세요. 자연의 아름다움이 있고 당신에게 영감을 채워줄 그런 장소를 찾으세요. 이 장소는 어떤 관계일 수도 있고 실제 어떤 공간일 수도 있습니다. 어떤 활동일 수도 있고요.

더 나은 "공기"가 있는 곳으로 가셨다면 이제 A.I.R.의 단계를 실천하세요. 원하는 만큼 얼마든지 시간을 써도 좋지만 하루 이틀을 넘기지는 마세요. 이 연습은 규칙적으로 하는 것이 중요합니다. 당신이 하고 있는 일, 바로 숨쉬는 것에 집중하세요. 신체에 산소가 부족하면 문제가 생기지만 바로 그걸 알아차리지 못할 수도 있기 때문입니다. 절단 수술처럼 시간이 너무 오래 걸리면 치료가 어렵거나 불가능할 수도 있습니다. 심지어 회복의 과정에서도 산소의 공급이 아주 중요합니다. 뇌가 상황에 다시 적응하고 회복하고 재생되는 것은 연습으로 가능한 일입니다.

도구 #2: 분열의 순환

분열의 순환은 중요한 메커니즘입니다. 그 주기가 오면 우리는 고통에 반응합니다. 반응의 결과는 고통에서 해방되고자 하는 욕구에서 시작됩니다. 하지만 그렇다고 고통 자체가 본질적으로 잘못된 것은 아닙니다. 문제는 우리의 몸이 치유나 위안의 형태로 적절하게 소통하는 방법입니다.

시간이 지나면서 우리는 고통을 다루는 기본적인 결정을 내립니다. 이 때 어린 시절 쌓아온 신뢰가 중요한데, 일반적으로는 관계를 맺고 있는 사람이 가장 건강한 형태의 안정과 위안이기 때문입니다. 하지만 우리의 신뢰가 이미 무너진 상태라면 고통에서 벗어나고자 하는 욕구가 혼란을 겪으면서 건강하지 않은 형태로 변질됩니다. 결국 단기적이고 비효율적인 방식으로 고통을 제거하려 하고 건강한 방식은 제외해버리죠.

혼란에 빠진 충동은 고통으로부터의 감정적으로 구제받으려는 현실에서 우리를 분리합니다. 그러면 우리의 영혼은 의지·마음·몸과도 분리됩니다. 이 과정은 종종 매우 빠르게 일어나기 때문에 인지조차 하지 못합니다. 그래서 우리는 관계를 포함하지 않는 방식으로 위안을 받고자 합니다. 어떤 행위를 함으로써 일시적으로 위안을 얻을 순 있지만 나중에 더 큰 감정적인 고통을 낳아 자신뿐 아니라 타인에게도 영향을 줍니다. 다시 고통의 순환이 계속되는 것이죠.

우리는 역기능적인 반응도 제대로 직시해야 합니다. 그래야 고통을 제거하고 감정적·관계적으로 건강한 사람들과 연대할 수 있습니다. 그런 사람들은 우리가 깊게 감정을 공유하고 영혼·마음·몸의 안녕을 중요하게 여기는 사람이어야 합니다. 이들은 우리를 도와 현실과 안정적인 회복, 평화, 감정적인 건강, 자유를 연결할 것입니다.

자, 우리가 이 순환의 고리에서 빠져 나오려면 고통과 두려움에서 해방되는 다른 반응을 찾아야 합니다. 다음 사항을 생각해보세요:

- 어떤 행동과 일시적인 위안/기쁨이 더 큰 감정적인 고통(두려움, 수치심, 외로움, 죄책감, 불안감)을 낳는 것 같아 보이나요?

- 어떤 상황이나 관점에서 그런 행동을 하게 되나요? 예를 들면, "아무도 나를 신경 쓰지 않아…나는 항상 혼자야…항상 이렇지 뭐, 아무것도 변하는 건 없어…말한다고 달라지지 않아…사람들은 절대 변하지 않아…"와 같은 생각을 하고 있진 않나요?

- 왜 고통에서 빠져 나와 악한/혼란스러워 하는 사람이 되고자 하나요?

이 모든 것을 마음 속에서 분명히 대답했다면, 이제 당신이 고통에 반응할 방식을 선택하세요. 건강하고 상냥한 사람들, 그리고 주님도 잊지 마세요.

왜 주님을 기억해야 할까요? 창조자인 그는 우리가 스스로의 최고치로 성장하는데 무엇이 필요한지 알고 이해하십니다. 이로우신 하나님 아버지, 주님은 우리의 영혼이 해방되고 건강하며 넘치는 용기·인내·안전·자유·기쁨으로 살아가길 바라십니다. 구원하신 주님은 우리가 이롭다고 믿는 쪽으로, 우리의 삶을 변화시키는 쪽으로 모든 일을 움직일 수 있습니다. 현명한 조언자로서 주님은 우리의 영혼과 욕구의 깊이를 알고 계시며, 우리의 고통을 가장 효과적이고 적절하게 위로하십니다. 그리하여 우리는 성장하고 앞으로 나아갈 힘을 얻을 것입니다.

이 순환은 우리가 건강한 관계를 유지하여 그 고리를 끊는 것이 핵심입니다. 분열의 순환은 건강하지 않은 관계에 깊이 뿌리를 내리고 있으며, 우리는 건강한 관계를 포함하지 않은 상태에서 위안과 안정을 얻으려 합니다. 하지만 진정한 해결 방법은 고립이 아니라 관계를 통해서 찾아야 합니다. 이 과정을 연습하는 것이 항상 쉽지만은 않습니다. 사실 꽤 불편한 일이기도 합니다. 그럼에도 불구하고 오랜 시간 건강하고 규칙적인 활동을 연습한다면 더 큰 힘과 유동성, 회복력을 가지게 될 것입니다.

도구 #3: 주기도문

용서가 자유다

이 전통적인 기도문은 건강한 가족의 중요한 요소를 담고 있습니다. 남자와 여자가 만나 사랑을 하고 서로 헌신하게 되면, 서로의 인생에서 "하나의 몸"이 됩니다. 그들은 가족을 위한 기반을 마련하죠. 하나의 몸이 되면 신뢰할만하고 안전하며 친밀한 환경을 만들어 서로의 사랑을 성장시킵니다. 더 나아가 다음 세대도 길러내어, 그 세대도 삶을 지속적으로 살아갈 수 있게 도와줍니다.

가족이란 다음 세대가 삶에 대해서 배우고 성장하는 공간이며, 가장 중요한 공간입니다. 아이들은 가족 내에서 리더십도 길러 자신만의 개성과 경쟁력을 가지고 성인으로 변화합니다. 그렇기 때문에 가족의 환경이 건강하면, 아이들이 좋은 결정을 내릴 수 있는 능력을 쌓는데도 도움이 됩니다.

가족은 여러 세대를 통해서 구시대적이고 제한적인 규율·신념·가치·습관을 유지해왔습니다. 하지만 이 과정에서 갈등이 제대로 해결되지 않고 인간이라는 존재의 가장 중요한 부분이 경시되어 관계는 오히려 분열되었습니다.

주기도문은 우리가 가족에서 다시 전체론적인 가치를 회복하는 도구가 될 수 있습니다. 내적인 삶의 역동성을 키우고 우리 가족을 새롭게 탄생시키는 도구. 이 기도는 사실 주님과 숨쉬는 A.I.R. 활동을 위한 것이기도 합니다. 즉, 고통과 두려움에 다르게 반응할 수 있는 도구죠. 주님은 영적·감정적으로 우리에게 건강한 가족을 가르치기 위해 일종의 표본을 주신 것입니다.

주님은 사람들이 흔하게 겪는 내적인 삶의 도전을 알고 계시기에 주기도문을 이렇게 시작합니다. "하늘에 계신 아버지..." 바로 하나님을 아버지, 한 가족의 아버지로 지칭하며 관계의 건강한 환경(하늘)이 얼마나 중요한지 강조하셨습니다.

"...이름이 거룩히 여김을 받으시오며..."에서 주님은 하나님 아버지의 최우선 사항이란 그를 다르게 보는 일이라고 하셨습니다. 그의 권한과 보살핌은 관계에 중심을 두고 있으며, 그는 다른 신이나 통치자와는 다른 유일한 존재이기 때문입니다.

"...나라가 임하시오며 뜻이 하늘에서 이루어진 것과 같이 땅에서도 이루어지이다." 주님은 아버지가 매일 일상 생활의 현실을 우선시하고 있음을 표현했습니다. 그리고 이를 이루기 위해, 주님이 이렇게 여쭙니다. "오늘 우리에게 일용할 양식을 주옵시고 우리가 우리에게 죄 지은 자를 사하여 준 것 같이 우리 죄를 사하여 주시옵고," 이 말인즉슨 매일 주어지는 용서의 대상에 타인, 용서 받은 자를 모두 포함한다는 뜻입니다.

"우리를 시험에 들게 하지 마시옵고 다만 악에서 구하시옵소서." 지속적으로 용서하고 용서 받는 일의 결과는 유혹과 거짓의 위험으로부터의 해방입니다. 이러한 위험은 우리와 우리 가족을 파멸시킵니다. 예를 들면, 앞서 언급한 결핍의 신화로 인해 우리가 의도적으로, 맹목적으로 반응하는 것이겠죠. 우리가 이런 파괴적인 힘에 통제 당하지 않을 때 관계도 번영할 수 있습니다.

도구 #4: 중대한 대화

우리가 한 사람과 충분한 시간을 보내면, 대화가 어려워질 때도 있습니다. 이런 긴장 상태에서 얼마나 우리가 개방적인 자세로 두려움을 관리하는지에 따라 경험은 달라집니다. 이러한 상황의 발생 과정도 우리 스스로 감정적인 건강과 성숙, 이 기술을 얼마나 잘 익혔는지에 따라 달라집니다.

"중요한 대화를 잘 진행하면 커리어를 시작하고 관계를 강하게 유지하면서도 건강을 향상시킵니다."[43] 이런 대화는 직업 현장에서 더 자주 일어나지만, 가정에서도 적용되어야 합니다. 그래서 효과적인 부모가 되려면, 이런 종류의 대화를 마스터해야 합니다. 이로써 우리 아이들이 청소년기를 얼마나 잘 보낼 수 있는지, 힘든 시기를 부모와 청소년 자녀가 얼마나 잘 극복할 수 있는지 생각해보세요. 가정에서의 중요한 대화는 가족 구성원들이 세계에 긍정적인 영향과 변화를 일으키기 전 준비가 됩니다. 다음 유튜브 채널을 참고해보세요(https://www.youtube.com/vitalsmarts).

패터슨 외 작가들은 이런 결정적인 대화들은 다음의 요소로 구성되어 있다고 정리했습니다.[44] 중대한 이해관계, 극명한 차이점, 강렬한 감정. 이 세가지 요소들이 나타나면 사람들은 싸움 혹은 도피 반응의 일환으로 침묵 및 폭력 상태를 맞이합니다. 그리고 이 상황은 감정적 건강과 지능의 결핍, 무의미한 활동으로 바쁜 상태, 관계보다 생산성을 중시하는 태도로 더 심각해집니다.

---

[43] 같은 책, p.9.

[44] 결정적 순간의 대면(*Crucial Conversations: Tools for Talking When Stakes are High*), 케리 패터슨, 론 맥밀런, 조셉 그렌, 알 스위즐러 저.

이 때 우리는 가장 중요한 목표를 다시 확인하고 기억해야 합니다. 바로 타인과 의미를 공유하는 일이죠. 이 일을 가능한 깊고 명료하게 해야 할 필요가 있습니다. 그래야 의미 있는 신뢰와 친밀함이 형성될 수 있기 때문입니다. 더 나아가 배움을 촉진시키고 변화에 대해 개방적인 자세를 만들 수 있습니다.

중대한 대화가 진실되게 이루어지려면 우리는 스스로를 정형화하지 말아야 합니다. 의욕이 넘치는 마음에서 시작되는 것이 아니라 신뢰하고 겸손한 마음에서 시작하는 대화를 이끌어야 합니다. 주요한 요소는 바로 우리의 이야기가 될 것입니다. 즉, 우리의 영혼이 이 과정에서 중대한 역할을 하여 의미를 만드는데 책임이 있습니다. 우리의 영혼이 번영하는 일에 대해서 알아보고 싶다면 7장으로 돌아가서 확인해보세요. 존 오트버그(Ortberg)의 내 영혼은 무엇을 갈망하는가*(Soul Keeping)*를 체크해도 좋고요.

이러한 대화가 어려운 데는 다양한 이유가 있습니다. 먼저 우리는 천천히 깊은 대화를 해야 합니다. 지속적으로 우리의 이야기를 인식해야 하고요. 다른 이야기를 선택하고 수정하는데 최선을 다할 용기도 가져야 합니다. 실제로 무슨 일이 일어나는지에 대해서 이야기를 쓴다는 것은 기존과는 완전히 다르고 큰 그림에서 이야기를 쓰는 일일 수도 있습니다. 또한 어릴 때 경험했던 부정적인 일들도 변형해야 할 수도 있고요.

우리는 명분도 수정하고 신념도 바꿔야 할 수도 있습니다. 갈등은 우리를 분열시키지 못합니다. 다만 우리 스스로 역할이나 관계에 대한 인식을 변화시킬 수도 있습니다. "나는 피해자가 아니며, 이 관계는 승자도 패자도 없다" 이러한 가정 속에서는 고통을 낳는 문제라도 항상 나쁘지는 않다고 모두 배울 수 있습니다. 그리고 그러한 문제에도 불구하고 미봉책을 기준으로 삼아서는 안 되며 함께 장기적인 해결 방법을 찾아 나가도록 노력해야 합니다. 궁극적으로 우리의 새로운 이야기는 사랑을 중심으로 하고 상실에 대한 두려움을 사라지게 할 것입니다.

우리가 이러한 중대한 대화를 잘 해나갈수록 미성숙하고, 불완전한, 부정확한, 무력한 이야기에서 더 큰 자유로 나아갑니다. 이를 완전히 익히고 숙달되었을 때, 주님의 사랑과 자유의 이야기를 우리가 완전히 체득할 때, 우리는 은총과 진실로 이야기를 잘 마무리 지을 수 있습니다. 우리는 100% 정직하고 100% 공손한 사람이 될 것입니다.

이런 이유로 긴장 상태나 만성적인 역기능을 조정할 필요가 있습니다. 건강한 관점으로 더 명료함을 갖추면, 우리는 변화를 일으키고 타인과 공유한 의미의 성장을 이끌 수 있습니다. 그렇지 않으면 우리는 잘못된 방향으로 빠져 이질적으로 행동하며 고립된 개인이 됩니다. 이런 상황을 효과적으로 관리해야 성장의 환경을 조성하는 인간이 될 수 있을 것입니다.

도구 #5: 위안의 순환

다음 도구는 위안의 순환[45]입니다. 이는 밀란, 케이 예르코비치(Milan, Kay Yerkovich)가 고안한 개념으로, 성장을 중심으로 한 삶의 예시를 제시합니다. 이 도구는 우리가 자각력을 높이고 스트레스나 긴장의 상황에서 스스로를 인지할 수 있게 도와줍니다. 다음에서 정보 그래픽을 참고하세요: https://www.relationship180.com/resources/ 이 과정은 당신이 신뢰하는 사람과 함께 하는 것이 가장 좋지만, 자성의 도구로 사용해도 좋습니다. 예르코비치는 '감정' 단어라는 훌륭한 목록을 만들었습니다.[46] 잠시 한 번 확인해보시죠.

여러분의 감정과 그를 자아내는 이야기를 분명하게 표현하면서 욕구를 확인해보세요. 여기서 삶에 대한 특정 신념과 규율을 제어하는 일은 어렵습니다. 이런 규율들은 보호적인 기제에 의해 이미 설정된 것이라 제거해버리고 싶을 겁니다. 왜냐하면 이런 규율들은 당신이 성공적으로 친밀함, 생식성, 진실성을 성장시키는 도전을 방해하고 있기 때문입니다.

속도를 늦추면 우리는 타인이나 스스로로부터 감정의 현실이 입증되었다는 사실을 알게 됩니다. "맞아, 나는 지금 굉장히 상처 받고 화가 나있어. 그 사람이 한 말이나 행동은 고통스러웠어." 더 천천히, 내적 대화를 지속해 나가

---

[45] 밀란, 케이 예르코비치(Milan and Kay Yerkovich), https://www.howwelove.com/blog/tag/comfort-circle/

[46] 같은 책, https://s3.amazonaws.com/hwl-prod-assets/uploads/2012/05/16030007/SoulWordList.pdf

세요. "의도적이었나? 그 사람들 마음 속에선 무슨 생각을 하고 있는 거지? 나는 자신, 타인, 우리 관계를 위해 어떻게 해야 할까?" 자, 이렇게 점점 대화가 탈선하는 경우도 있을 텐데요. 우리가 속도를 늦추면, 이런 성찰의 시간을 만들 수 있고 생각, 신념, 가치에 대한 중대한 평가와 수정을 연습할 수 있습니다. 이 과정의 속도를 늦추고 분석과 논리를 추가하면서, 좌뇌로 감정적인 자아가 이 상황을 지배하지 못하도록 제어할 수 있습니다. 타인이 우리에게 보내는 사랑을 기억하고 깊이 생각하세요. 영감을 얻고 활기를 되찾을 수 있는 시간과 공간을 만드세요. 그럼에도 가장 중요한 것은 속도를 늦추고 약해진 자신의 상태를 인식하며 더 큰 그림을 보도록 노력하는 일입니다.

문제 해결의 실마리는 우리가 스스로에게 다음과 같은 질문을 할 때 보입니다. "이를 더 잘 해결하는데 도움을 주는 일이 무엇일까?" 타인과 이 질문에 대한 대답을 깊이 공유하는 것도 한 방법일 겁니다. 아니면 혼자 있는 시간이 필요할 수도 있고요. 천천히 규칙적인 호흡을 하는 것이 도움이 될 수도 있습니다. 주님께 이 고통의 시간에 도움을 달라고 요청하는 것이 답일 수도 있습니다. 그리고 여러분이 입력한 정보를 잘 확인해보세요. 혼자도 좋고 타인과 함께 해도 좋습니다. 이 과정으로 여러분의 뇌는 다르게 움직이기 시작할 것입니다. 그리고 새로운 관점도 만들어질 것이고요. 해결 자체에는 시간이 걸릴 수 있으니 서두르지 마세요. 우리가 시간을 갖고 내적인 삶의 발전에 관심을 가질 때, 이 과정을 반복할 때, 중대한 변화가 일어납니다. 연습에 충실히 임할 때 그 변화가 힘을 냅니다.

이러한 위안은 빠르고 쉬운 해결책과는 근본적으로 다릅니다. 사회에서 일반적이고 평범하게 받아들여지는 방법과도 다르고요. 하지만 깊고 관계적인 위안이야말로 우리를 분열적인 행동과 순환에서 해방시킬 수 있습니다. 또한 사람들이 더 건강할수록 더 큰 자유, 치유, 권한을 경험할 것입니다.

도구 #6: 진보하는 관계로의 집중

마지막으로 여러분께 소개할 도구는 성장 중심 가족의 역동적인 요소에 있어서 전반적인 그림을 잘 보여줍니다. 우리의 관계가 번영하는 데는 신뢰를 쌓는 요소가 필요합니다. 이 요소들이 서로를 더 깊이 이해할 수 있게 도와주기 때문입니다. 그렇게 우리는 진정으로 존재하고 더 나아질 수 있는 방법을 배우는 힘을 기릅니다. 즉, 스스로를 알고 이끌어 타인에게도 긍정적으로 영향을 줄 수 있게 되는 것이죠. 다음 네 가지가 충족되면 우리의 관계는 모든 구성원을 성장시키고 성숙하게 만듭니다.

첫 번째는 기반이 되는 요소입니다. 결과 이전에 공감하는 능력입니다. 감정 이입을 하면 연대의 근원이 됩니다. 우리가 진심으로 스스로를 타인의 상황에 비추어 생각한다면, 그들과 함께 물리적·정신적·감정적으로 속도를 늦추고 신뢰의 기반을 쌓을 수 있습니다. 균형 잡힌 건강한 공감력을 기르려면 타인의 생각과 감정을 느끼고 이해할 수 있어야 합니다. 그러면서도 우리 스스로의 경계선은 뚜렷이 해야죠. 타인의 상황에서 스스로를 잃지 않고, 관계를 잃지 않으면서도 앞으로 나아가야 합니다. 그래서 저는 규칙적으로 자신에 대한 훈련을 하기를 다시 한 번 강조합니다. 타인을 돕기 전에 우리 먼저 산소 마스크를 써야 한다는 점 잊지 마세요.

두 번째, 우리는 상대방과 생각을 서로 공유해야 합니다. 투명함을 유지하는 것은 이 활동의 절반이나 마찬가지입니다. 그래서 우리의 생각과 감정을 공개해서 타인이 알 수 있도록 하는 것이 중요합니다. 상대방이 우리의 마음을 읽을 것이라 생각하는 것은 미성숙하고 신뢰를 쌓는데도 비효율적입니다. 호기심 많고 항상 개방적인 자세를 유지하면 상대방이 소통하고자 하는 내용을 듣고 이해할 수 있게 됩니다. 즉, 우리는 자신의 생각을 전달하는 방법도 익혀야 하지만, 그 생각이 만들어진 관점도 성장시켜야 합니다. 우리가 생각을 개방적으로 공유하면서 상대방의 생각은 차단하면 앞으로 나아가지 못할 겁니다.

세 번째, 우리는 건강한 관계란 공유된다는 사실을 인식해야 합니다. 두 사람 모두가 앞으로 나아갈 때, 관계도 번영합니다. 문제가 생기면 양쪽 모두 나이에 맞게 문제를 해결할 적절한 방법과 책임을 짊어져야 합니다.

끝으로, 우리는 존중의 문화를 추구해야 합니다. 차분함과 호기심을 유지하면 긴장 상태를 예방하고, 소리 지르거나 비꼬는 공격, 침묵으로 상대방을 무시하는 사태를 막을 수 있습니다. 상황을 피하거나 공격적으로 대응하는 것 대신에 솔직하고 정중하게 서로의 가치를 표현하세요. 타인을 열등하게 몰아세울 필요도 없습니다. 오히려 상대방은 진실을 들을 자격과 가치가 있는 사람이라고 치켜세워주세요. 다시 한 번 말하지만, 이를 실천하기 위해서는 부모가 먼저 대담하게 스스로의 내부를 발전시키고 이끌어야 합니다. 결국엔 부모로서 우리의 개인적·감정적·영적 성숙도가 이 모든 일이 일어날 수 있는 공간을 마련해주기 때문입니다.

참고 문헌

Alan Watkins, *4D Leadership: Competitive Advantage Through Vertical Leadership Development*, Kogan Pages, London 1st Edition, 2015.

Alpha International, The Parenting Children's Course, London (2011).

Aphesis Group, *Introducing You to Yourself*, 2011.

The Holy Bible, New International Version. Grand Rapids: Zondervan House, 1984.

Bruce Lipton, *Biology of Belief*, Sounds True Inc; Edition (2007-01-17)

Edwin Catmull and Amy Wallace, *Creativity Inc.*, Random House, New York City, NY; 1 edition (April 8, 2014).

Gary Chapman, *The 5 Love Languages: The Secret to Love That Lasts*, Northfields Publishing, Chicago, IL, 2010.

Guy Winch, *Emotional Firs Aid*, Penguin Random House, New York City, NY, 2013.

Hal Runkel, *Scream-free Parenting*, Penguin Random House, New York City, NY, 2007.

Jim Collins and Jerry Porras, *Built to Last: Successful Habits of Visionary Companies*, HarperCollins Publishers, New York City, NY, 2011.

John Ortberg and Tommy Cresswell, *Soul Keeping*, Grand Rapids: Zondervan House, 2014.

Joseph Grenney, Kerry Patterson, Ron McMillan, Al Switzler, *Crucial Conversations*, Brilliance Audio; 2nd Updated ed. edition *(August 1, 2013)*.

Lynne Twist and Cynthia Barrett, *Soul of Money*, Audible Studios, 2013.

Margaret Heffernan, *Willful Blindness*, Audible Studios, 2011.

Marilyn Mandala Schlitz, Cassandra Vieten, Tina Amorok, *Living Deeply: The Art and Science of Transformation in Everyday Life*, New Harbinger Publications, Oakland, CA, 2008.

Milan and Kay Yerkovich, *How We Love*, WaterBrook, Colorado Springs, CO; Later Printing edition, 2008.

Thomas Phelan and Paul Costanzo, *1-2-3 Magic*, Tantor Audio, Old Saybrook, CT, 2016.

Verne Harnish and Spencer Cannon, *Scaling Up*, Gazelles Inc., San Diego, CA, 2014.

Vishen Lakiani, *The Code of the Extraordinary Mind*, Rodale Books (1858), Emmaus, PA, 2016.

www.ingramcontent.com/pod-product-compliance
Lightning Source LLC
Chambersburg PA
CBHW070119100426
42744CB00010B/1864